LE MANUEL

DU

MAGICIEN

CONTENANT

LA POULE NOIRE

LE GRAND GRIMOIRE

ET

LA CLAVICULE DE SALOMON

AVEC L'INDICATION DES

TALISMANS, PACTES ET INVOCATIONS

INFAILLIBLES POUR ÉVOQUER
LES ESPRITS TERRESTRES, AÉRIENS ET INFERNAUX
ET POUR OBTENIR D'EUX
TOUT CE QUE L'ON DÉSIRE

———

VERSIONS COLLATIONNÉES SUR LES ÉDITIONS ORIGINALES
ET
Illustrées de nombreux dessins fantastiques

PARIS
1925

Note de l'éditeur

Nos livres sont la reproduction digitale de textes devenus introuvables.

Le lecteur voudra bien excuser l'occasionnel et léger manque de lisibilité et les quelques imperfections dues aux ouvrages imprimés il y a des décennies, voir des siècles.

Par égard à la mémoire des auteurs et la spécificité des ouvrages, il convenait de les reproduire tels les originaux.

AVIS ESSENTIEL

Malgré la vogue universelle dont jouirent, jadis, les œuvres cabalistiques que nous réédi tons ici, malgré les mirifiques promesses de leurs préfaces, nous croyons inutile de prévenir nos lecteurs *bénévoles* que tout ce qu'elles contiennent n'est pas mots d'Évangile.

La POULE NOIRE n'est qu'un ingénieux roman des *Mille et une nuits*, débutant à l'instar des contes arabes, et révélant, dans un récit pittoresque, les féeriques mystères de l'antique Magie.

Cette version est le duplicata d'un autre livre intitulé : LE TRÉSOR DU VIEILLARD DES PYRAMIDES.

Quant au GRIMOIRE et à la CLAVICULE DE SALOMON, il suffit de les parcourir pour constater l'absurdité de ces incohérentes rêveries, que l'on appelle aussi le DRAGON ROUGE.

Néanmoins, la reproduction *textuelle*, à bon

marché, desdits ouvrages (devenus rares et très chers), ne peut manquer de satisfaire les chercheurs de curiosités, désirant posséder quelques échantillons *nature* des élucubrations bizarres des *Bonzes, Brahmes, Muphtis, Rabbins*, etc., qui, depuis des milliers d'années, notamment au moyen âge, exploitaient la superstition des peuples ignorants.

Ils y trouveront un précieux sujet d'étude à la fois instructif et amusant.

Ce manuel ne sera pas non plus sans charmes pour la phalange encore nombreuse des amants convaincus du *Merveilleux*.

Libre à eux d'expérimenter les vertus étonnantes des Pactes, Anneaux, Talismans et Invocations fantastiques dont nous leur offrons ci-inclus les formules *authentiques*, avec la vraie manière de s'en servir...

Puisse leur téméraire fantaisie obtenir un succès complet.

C'est ce que leur souhaite de grand cœur leur dévoué

COMPILATEUR

E. D.

LA POULE NOIRE

ou

LA POULE AUX ŒUFS D'OR

LA
POULE NOIRE

OU

LA POULE AUX OEUFS D'OR

AVEC la Science des Talismans et Anneaux magiques, l'art de la Nécromancie et de la Cabale, pour conjurer les esprits aériens et infernaux, les sylphes, les ondins, les gnomes ; acquérir la connaissance des sciences secrètes ; découvrir les trésors, et obtenir le pouvoir de commander à tous les êtres, et déjouer tous les maléfices et sortilèges.

D'après la doctrine de *Socrate, Pythagore, Platon, Zoroastre,* fils du grand *Aromasis,* et autres philosophes dont les ouvrages manuscrits ont échappé à l'incendie de la bibliothèque des Ptolémées, et traduits de la langue des Mages, et de celle des Hiéroglyphes, par les docteurs *Mizzaboula-Jabamïa, Danhuzerus, Nehmahmiah, Judahim, Elaaeb,* et traduits en français

PAR

A. J. S. D. R. L. G. F.

EN ÉGYPTE

—

740

AVANT-PROPOS

———

L'ouvrage que nous offrons au public ne doit
point être confondu avec les recueils de rêveries,
d'erreurs, que leurs auteurs ont cherché à accré-
diter en annonçant ces faits surnaturels, que la
crédulité et l'ignorance saisissent avec avidité.
Nous ne parlons que d'après les autorités les plus
respectables et les plus dignes de foi.

Les principes que nous avançons sont basés sur
la doctrine des philosophes anciens et modernes,
qui, pleins de respect pour la divinité, furent constamment les amis des hommes et cherchèrent à
les ramener à la vertu, en leur montrant le vice
dans toute sa difformité.

Nous avons puisé dans les sources les plus pures,
et nous n'avons eu en vue que l'amour de la vérité
et le désir d'éclairer ceux qui veulent découvrir
les secrets de la nature et les merveilles qu'elle
dérobe aux regards de ceux qui ne doivent jamais
dissiper les ténèbres qui les environnent.

Il n'est donné qu'à ceux qui sont assez favorisés par le Grand-Être, de s'élever au-dessus de la sphère terrestre, et de planer, d'un vol hardi, dans les régions éthérées : c'est pour ces hommes privilégiés que nous écrivons.

Peu nous importe que des censeurs atrabilaires élèvent la voix contre nous !

Le silence et le sourire du dédain seront la seule réponse que nous leur opposerons, et nous suivrons, d'un pas ferme et soutenu, la route que nous indiquent ces astres lumineux qui peuplent le ciel, qui couvrent nos têtes, et qui éclairent ces milliers de mondes, qui bénissent chaque jour avec nous le Souverain Maître de l'Univers, qui les a créés ainsi que nous, et dont la volonté maintient cet ordre admirable, qui commande notre respect et notre amour.

LA
POULE NOIRE
AUX ŒUFS D'OR

Les Français en Égypte.

Avant que d'entrer en matière et de faire connaître à mes lecteurs cette science profonde, qui,
jusqu'à ce jour, a été l'objet des recherches les

plus constantes et des plus profondes méditations,
je dois leur découvrir comment ces secrets merveilleux m'ont été communiqués, et comment la
divine Providence, en me faisant échapper aux
plus grands dangers, m'a, pour ainsi dire, conduit
elle-même par la main, afin de prouver qu'il suffit
de sa volonté pour élever jusqu'à elle le dernier

des êtres, ou pour précipiter dans le néant ceux qui sont revêtus de la toute-puissance sur la terre.

Tout nous vient donc de Dieu, Dieu est tout, et sans Dieu rien ne peut exister.

Qui plus que moi doit être pénétré de cette vérité éternelle et sacrée? et vous, qui lirez cet ouvrage, croyez!!!

. . . .

Je faisais partie de l'expédition d'Égypte. Officier dans l'armée du génie, je fus témoin des succès et des revers de cette armée, qui victorieuse ou obligée de céder à la force des événements et des circonstances, se couvrit toujours de gloire.

Qu'on ne s'attende point à trouver ici aucun détail qui tienne à cette mémorable campagne, je n'en rapporterai qu'un seul trait qui me touche, et qui est nécessaire au développement que je dois donner à ce que j'ai annoncé dans ma préface.

. . . .

J'avais été envoyé par le général sous les ordres duquel je me trouvais, pour lever le plan des pyramides; il m'avait été donné une escorte de quelques chasseurs à cheval, et j'arrivai avec eux à ma destination sans éprouver aucun accident, ni sans rien apercevoir qui pût me faire présager le sort funeste qui nous attendait.

Nous avions mis pied à terre auprès des pyra-

mides; nos chevaux étaient au piquet; assis sur le
sable, nous apaisions la faim qui nous tourmen-
tait; la gaîté française assaisonnait les mets qui
composaient ce repas frugal; il était sur le point
de se terminer, et j'allais m'occuper de mon travail, lorsque tout à coup une horde d'Arabes du
désert tomba sur nous.

Nous n'avons pas le temps de nous mettre en
défense, les coups de sabres pleuvent sur nous, les
balles sifflent, je reçois plusieurs blessures, mes
malheureux compagnons d'infortune sont couchés
sur le sable, ou morts ou expirants, et nos cruels
ennemis, après nous avoir enlevé nos armes et nos
habits, s'emparent de nos chevaux, et disparais-
sent avec la rapidité de l'éclair.

Parmi les morts.

Je restai quelque temps dans un état d'anéan-
tissement, vis-à-vis de la mer; enfin, reprenant un
peu mes forces, je me soulevai avec peine; j'avais
deux coups de sabre sur la tête et un sur le bras
gauche; je regardai autour de moi, je ne vis que
des cadavres, un ciel brûlant, un sable aride, un
désert immense, une solitude affreuse, et l'espoir
d'une mort certaine et cruelle.

Je m'y résignai, en disant adieu à ma patrie, à

mes parents, à mes amis ; invoquant le Ciel, je
me traînai au pied de la pyramide, et le sang
qui coulait avec abondance de mes blessures rou-
gissait le sable sur lequel je rampais et qui devait
bientôt être mon tombeau.

Arrivé au pied d'une de ces merveilles du monde,
je me mis sur mon séant, et appuyé sur cette
masse énorme qui avait déjà vu s'écouler quarante
siècles, et qui devait encore en voir plusieurs disparaître, je songeai au néant de mon existence qui
allait bientôt finir, ainsi que le jour qui touchait à
sa fin, car le soleil radieux était sur le point de se
plonger dans l'océan.

« Astre brillant, reçois mes adieux, dis-je avec
émotion ; mes yeux ne te reverront plus, ta lumière
bienfaisante ne m'éclairera plus, adieu ! »

Comme je prononçais cet adieu que je croyais
éternel, il disparut, et la nuit vint le remplacer et
couvrit l'univers de ses sombres voiles.

Le Vieillard des Pyramides.

J'étais absorbé dans les plus tristes réflexions,
lorsqu'un bruit léger se fit entendre à quelques
pas de moi, une dalle de pierre se détacha de la
pyramide et tomba sur le sable ; je me tournai de
ce côté, et à la clarté d'un petit fanal qu'il portait

dans sa main, j'aperçus un vieillard vénérable qui sortait de la pyramide; une barbe blanche tombait sur sa poitrine, un turban couvrait sa tête, et le reste de son costume m'annonça que c'était un Mahométan.

Il jeta les yeux autour de lui, et avançant quelques pas, il heurta contre le cadavre d'un de mes malheureux compagnons d'infortune.

— « O ciel! dit-il en langue turque, un homme! (il se baissa), un Français, il est mort !... » Il leva les yeux au ciel en disant : *ô Allah!*

Il découvrit ensuite les autres, il examina avec attention s'il n'en rencontrerait pas un qui respirât encore, et pour s'en assurer, je voyais sa main qui se portait vers la région du cœur. Ce bon vieillard reconnaissant qu'ils avaient tous cessé de vivre, poussa un gémissement douloureux et des larmes sillonnèrent ses joues.

Il allait retourner sur ses pas et rentrer dans la pyramide, le désir de conserver mes jours se fit sentir, j'avais déjà fait le sacrifice de ma vie, mais l'espérance rentra dans mon cœur, et rassemblant toutes mes forces, je l'appelai, il m'entendit, et tournant son fanal de mon côté, il m'aperçut et s'avança vers moi en me tendant la main; je la saisis et la pressai sur mes lèvres.

Il vit que j'étais blessé, que le sang coulait de la blessure que j'avais à la tête. Il posa sa lanterne à terre, et détachant sa ceinture, il m'en couvrit le front; il m'aida ensuite à me lever; j'avais perdu beaucoup de sang, j'étais d'une faiblesse extrême, j'avais peine de me soutenir.

Il me mit son fanal dans la main, puis me prenant dans ses bras il me porta près l'ouverture de la pyramide par laquelle il était sorti : il me déposa doucement sur le sable, me serra affectueusement la main, et me fit entendre par un signe qu'il allait entrer dans la pyramide et revenir promptement.

Je rendais grâce au Ciel de ce secours inespéré qu'il m'envoyait, lorsque le vieillard reparut tenant à sa main un flacon : il en ôta le bouchon, puis il versa quelques gouttes de liqueur et me la donna à boire : un parfum délicieux se répandit autour de moi; à peine cette liqueur divine eut-elle pénétré dans mon estomac que je me sentis renaître, et que j'eus assez de force pour entrer dans la pyramide avec mon bienfaisant et généreux conducteur.

Nous nous arrêtâmes un instant. Il fut replacer la pierre qui était tombée, il l'assujettit avec une barre de fer; ensuite il me prit par le bras, et nous descendîmes par une pente assez douce dans l'intérieur de la pyramide.

Après avoir marché quelque temps par le même chemin, qui faisait plusieurs sinuosités, nous arrivâmes à une porte qu'il ouvrit par un secret; il la referma avec soin, et ayant traversé une salle inmense, nous entrâmes dans une autre pièce; une lampe était suspendue à la voûte; il y avait une table couverte de livres, plusieurs sièges à l'orientale, et un lit de repos; le bon vieillard m'y conduisit, me fit asseoir, et posant sa lanterne sur la table, il ouvrit une espèce d'armoire d'où il tira plusieurs vases.

Il s'approcha de moi, m'invita à quitter mes vêtements avec une attention, une complaisance dont on trouverait difficilement un second modèle, et après avoir examiné mes blessures, il mit un premier appareil avec plusieurs baumes renfermés dans ces vases dont j'ai déjà parlé.

A peine furent-ils appliqués sur mes bras et ma tête, que les douleurs se calmèrent. Il m'invita à m'étendre sur le lit de repos, et bientôt le sommeil bienfaisant et réparateur vint s'appesantir sur mes paupières, et j'en goûtai toutes les douceurs.

Le sauveur.

Lorsque je me réveillai, je regardai autour de moi, et je vis le bon vieillard assis à mes côtés, et qui n'avait pas voulu prendre de repos tandis que je dormais, tant il craignait que je n'eusse besoin de secours. Je lui en témoignai toute ma reconnaissance, par les signes les plus expressifs; il me fit entendre, de la même manière, que je devais rester tranquille.

Il me donna une nouvelle potion de ces cordiaux dont j'avais déjà éprouvé les heureux effets; ensuite il me regarda avec une extrême attention, et reconnaissant qu'il n'y avait rien à craindre pour ma vie, il me serra affectueusement la main et se coucha sur des coussins qui étaient de l'autre côté de la chambre où nous étions, et bientôt je l'entendis qui dormait d'un sommeil aussi profond que paisible.

« O bienfaisance! disais-je en moi-même, tu es la vertu par excellence, et une émanation pure de la divinité; tu réunis, tu rapproches les humains,

et tu leur fais oublier les maux auxquels ils sont
en proie; par toi, ils renaissent au bonheur, ou
plutôt tu es ce bonheur, objet de tous leurs vœux
et de tous leurs désirs. »

Mon hôte fit un mouvement et se leva. Il vint à
moi, sourit en me voyant dans un état de calme et
de tranquillité qui ne lui laissait aucune crainte sur
mon existence. Il me fit entendre qu'il allait me
quitter pour sortir de la pyramide, et voir ce qui se
passait au dehors. Il apporta près de moi ce qu'il
jugea m'être nécessaire, si j'éprouvais quelque besoin et me laissa seul.

Jusqu'à ce moment, je n'avais fait aucune ré-
flexion sur tout ce qui m'était arrivé et sur les
suites de cet événement; je me trouvais en sûreté
dans ce souterrain. Je n'avais aucune inquiétude
relativement à mon hôte; mais enfin il faudrait
bien finir par le quitter après ma guérison, et re-
joindre l'armée.

Ces idées m'occupaient lorsque je vis rentrer le
vieillard; il me fit comprendre que plusieurs corps
d'Arabes et de Mamelouks parcouraient la plaine,
qu'il les avait aperçus sans être vu, parce que sa
retraite était impénétrable à tous les regards; qu'il
aurait soin de moi, qu'il me regardait comme son
fils, et que je pouvais me livrer à la plus grande
sécurité.

Je lui témoignai toute ma reconnaissance, il en parut satisfait, et, comme j'avais l'air mécontent de ne pouvoir m'exprimer que par signes, il m'apporta un livre, en m'indiquant qu'avec son secours nous pourrions bientôt nous communiquer mutuellement nos pensées.

La carrière que j'avais suivie depuis mon enfance m'avait familiarisé avec la méditation; j'aimais l'étude et je fus bientôt en état de me faire entendre de mon généreux vieillard : il mettait d'ailleurs une telle complaisance dans les leçons qu'il me donnait que, avec moins de bonne volonté, un autre eût fait des progrès. Je passe sous silence tout ce qui est relatif à ma nouvelle éducation.

Mon entière guérison et ma convalescence furent plus longues que je ne l'aurais cru; mon hôte sortait de temps en temps pour savoir ce qui se passait : il était dans une ignorance absolue des événements de la terre.

Enfin, un jour, il fut plus longtemps qu'à l'ordinaire et, à son retour, il m'apprit que l'armée française avait évacué l'Égypte, que je resterais avec lui, qu'il me ferait oublier par sa tendresse et son amitié mon espèce de captivité, que mon sort ne serait pas aussi cruel que je pouvais le penser, qu'il m'apprendrait des choses qui m'étonneraient, tout en m'instruisant, et que je n'aurais rien à désirer du côté de la fortune.

Premières confidences.

Je commençais à entendre la langue turque, il me dit de me lever, je lui obéis, il me prit par la main, me conduisit au bout de la chambre. Il ouvrit une porte opposée à celle par laquelle on entrait, et prenant une lampe sur la table, nous entrâmes dans un souterrain où je vis plusieurs coffres rangés; il les ouvrit, ils étaient pleins d'or et de pierreries de toute espèce.

« — Vous voyez, mon fils, qu'avec cela on ne craint pas la pauvreté. Tout vous appartient. J'approche de la fin de ma carrière, et je serai heureux de vous en laisser la possession. Ces trésors ne sont point le fruit de l'avarice et d'un sordide intérêt, je les dois à la connaissance des *sciences occultes* qui me sont familières, et à la faveur que m'a accordée le Grand-Être de pénétrer les secrets de la nature. Je puis encore commander à des Êtres qui peuplent la terre et les airs, et qui ne sont pas visibles pour le commun des hommes.

« Je vous aime, mon cher fils, j'ai reconnu en vous de la candeur, de la franchise, l'amour de la vérité et l'aptitude pour les sciences, et avant peu je veux que vous sachiez ce qui m'a coûté plus de vingt-quatre ans de recherches, de méditations et d'expériences.

« La science des mages, le langage des hiéroglyphes sont perdus par la faute des hommes : seul j'en suis dépositaire. Je vous ferai ces précieuses confidences, et nous lirons ensemble ces caractères tracés sur les pyramides, qui ont fait le désespoir de tous les savants, et devant lesquels ils ont pâli depuis plusieurs siècles... »

La foi en Dieu.

L'espèce de ton prophétique avec lequel il me parlait m'en imposa, et j'éprouvai le désir le plus vif de connaître ce qu'il m'annonçait; je le lui dis dans la langue turque que je commençais à comprendre et à parler de manière à me faire entendre.

« — Vos vœux seront remplis, me dit mon père adoptif. »

Élevant ensuite une de ses mains vers la voûte du souterrain, il ajouta d'un ton solennel :

« — *Adorez, mon fils, adorez le très bon et le très grand Dieu des Sages, et ne vous enorgueillissez jamais de ce qu'il vous a fait rencontrer un des enfants de la sagesse, pour vous associer à leur compagnie, et pour vous faire participant des merveilles de sa toute-puissance.*

Après avoir achevé cette espèce d'invocation, il me dit, en me regardant :

« — Tels sont les principes dont vous devez être pénétré; tâchez de vous rendre digne de recevoir la lumière; l'heure de votre régénération est arrivée : il ne tiendra qu'à vous d'être une nouvelle créature.

« Priez ardemment Celui qui seul a la puissance de créer des cœurs nouveaux, de vous en donner un qui soit capable des grandes choses que j'ai à vous apprendre, et de m'inspirer de ne vous rien taire des mystères de la nature. *Priez ! espérez !* Je loue la sagesse éternelle de ce qu'elle a mis dans mon âme la volonté de vous découvrir ses vérités ineffables : que vous serez heureux, mon fils, si elle a la bonté de mettre dans votre âme les dispositions que ces hauts mystères demandent de vous!

« Vous allez apprendre à commander à toute la nature; Dieu seul sera votre maître, et les sages seuls seront vos égaux. Les suprêmes intelligences se feront gloire d'obéir à vos désirs; les démons n'oseront se trouver où vous serez; votre voix les fera trembler dans le puits de l'abîme, et tous les peuples invisibles qui habitent les quatre éléments, s'estimeront heureux d'être les ministres de vos plaisirs. Je vous adore, ô grand Dieu, d'avoir couronné l'homme de tant de gloire, et de l'avoir établi souverain monarque de tous les ouvrages de vos mains!

« Sentez-vous, mon fils, sentez-vous cette ambition héroïque qui est le caractère certain des enfants de la sagesse? Osez-vous désirer de ne servir que Dieu seul, et de dominer sur tout ce qui n'est point Dieu?

« Avez-vous compris ce que c'est qu'être homme, et ne vous répugnerait-il pas d'être esclave, puisque vous êtes né pour être souverain? et si vous avez ces nobles pensées, comme les signes que je découvre sur votre figure ne me permettent pas d'en douter, considérez mûrement si vous aurez le courage et la force de renoncer à toutes les choses qui peuvent être un obstacle à parvenir à l'élévation pour laquelle vous êtes né. »

Il s'arrêta là, et me regarda fixement, comme attendant ma réponse, ou comme cherchant à lire dans mon cœur.

Abnégation.

Je lui demandai à quoi faut-il renoncer?

« — A tout ce qui est mal, pour ne s'occuper que de ce qui est bien; à ce penchant que nous apportons presque tous en naissant, et qui nous porte au vice plutôt qu'à la vertu; à ces passions

qui nous rendent esclaves de nos sens et qui nous
empêchent de nous livrer à l'étude, d'en goûter les
douceurs et d'en cueillir les fruits.

« Vous voyez, mon cher fils, que le sacrifice que
j'exige de vous n'a rien de pénible et n'est pas au-
dessus de vos forces; au contraire, il vous fera
approcher de la perfection, autant qu'il est possible à l'homme d'y atteindre : acceptez-vous ce
que je vous propose?

« — O mon père, répondis-je, rien n'est plus
conforme à mes **désirs** : que peut-on préférer à la
sagesse et à la vertu?

« — Il suffit, dit le vieillard. Avant que de vous
développer entièrement la doctrine qui doit vous
initier aux mystères les plus profonds et les plus
sacrés, il faut que vous sachiez que les éléments
sont habités par des créatures très parfaites. Cet
espace immense qui est entre la terre et les cieux,
a des habitants bien plus nobles que les oiseaux
et les moucherons; ces mers si vastes ont bien
d'autres hôtes que les dauphins et les baleines; il
en est de même de la profondeur de la terre qui
contient autre chose que l'eau et les minéraux; et
l'élement du feu, plus noble que les trois autres,
n'a pas eté fait pour demeurer inutile et vide. »

Les Génies.

« L'air est plein d'une innombrable multitude de peuples de figure humaine, un peu fiers en apparence, mais dociles en effet : grands amateurs

des sciences, subtils, officieux pour les sages, et ennemis des sots et des ignorants : ce sont les Sylphes. Les mers et les fleuves sont habités par les *Ondins;* la terre est remplie presque jusqu'au centre, de *Gnômes,* gardiens des trésors et des pierreries : ceux-ci sont ingénieux, amis de l'homme et faciles à commander; ils fournissent aux enfants des sages *tout l'argent* qui leur est nécessaire, et ne demandent pour prix de leurs services que la gloire d'être commandés.

« Quant aux *Salamandres,* habitants enflammés

de la région du feu, ils servent aux philosophes; mais ils ne recherchent pas avec empressement leur compagnie.

« Je pourrais encore vous parler des *génies familiers;* Socrate eut le sien ainsi que Pythagore et quelques autres sages. J'en ai un aussi, il est près de moi lorsque je puis avoir besoin de lui : vous le verrez. Cela vous paraîtra sans doute extraordinaire, mais lors même que vos yeux ne vous convaincraient pas de la vérité, vous pourriez y croire, si vous avez quelque confiance dans *Socrate, Platon, Pythagore, Zoroastre, Celse, Pseltus, Procle, Porphyre, Jamblique, Ptoteit, Trismégiste*, et d'autres sages dont les lumières doivent ajouter à celles que donne la raison naturelle. »

Les Talismans.

« Il me reste encore à vous parler des *talismans*, de ces anneaux magiques qui vous donnent le pouvoir de commander à tous les éléments, d'éviter tous les dangers, toutes les embûches de vos ennemis, en assurant le succès de vos entreprises et l'accomplissement de tous vos vœux. »

Il se leva, ouvrit un coffre qui se trouvait au pied du lit de repos, il en tira une cassette de bois de cèdre recouverte de plaques d'or, enrichies de

diamants d'un éclat et d'un pur extraordinaires ; la
serrure était également d'or ainsi que la clé sur
laquelle il y avait des caractères hiéroglyphiques
gravés avec un art admirable.

Il ouvrit cette cassette et je vis une grande
quantité de talismans et d'anneaux enrichis de diamants, et sur lesquels étaient gravés des caractères magiques et cabalistiques : il était impossible de les regarder sans en être ébloui.

— « Vous les voyez, mon fils, ils ont chacun
leurs vertus, leurs propriétés, mais pour en faire
usage il faut les connaître, ainsi que la langue des
sages pour prononcer les mots mystérieux qui sont
gravés dessus. Je vous les apprendrai avant de
travailler avec vous au grand œuvre avec les esprits et les animaux qui sont soumis à mes lois et
qui m'obéissent aveuglément.

« Vous verrez, lorsque vous serez initié à tous
ces mystères, de combien d'erreurs se sont rendus
coupables la plupart de ceux qui prétendent s'être
asservi la nature : ils aimaient la vérité, et crurent
la découvrir par la voie des notions abstraites, et
s'égarèrent sur la foi d'une raison dont ils ne con-
naissaient pas les bornes. »

A travers l'Infini.

« Le vulgaire ne voit autour du globe qu'il ha-

bite, qu'une voûte étincelante de lumière pendant
le jour, semée d'étoiles pendant la nuit; ce sont là
les bornes de son univers. Celui de quelques philosophes en a plus, et s'est accru presque de nos
jours au point d'effrayer notre imagination. De
là, quelle prodigieuse carrière s'est tout à coup
offerte à l'esprit humain? employez l'éternité
même pour la parcourir; prenez les ailes de l'aurore, volez à la planète de Saturne dans les cieux
qui s'étendent au-dessus de cette planète, vous
trouverez sans cesse de nouvelles sphères, de nouveaux globes, des mondes s'accumulant les uns
sur les autres.

« Vous trouverez l'infini dans la matière, dans
l'espace, dans le mouvement, dans le nombre des
nuances et des astres qui les embellissent ; et
comme notre âme s'étend avec nos idées, et s'assi-
mile en quelque façon aux objets dont elle se pénètre, combien un homme doit-il s'enorgueillir
d'avoir percé ces profondeurs inconcevables? j'y
suis parvenu, grâce à la sagesse, et vous y par-
viendrez aussi. »

Il se leva, et prenant plusieurs manuscrits qui
étaient sur la table :

« — Ces livres précieux, mon cher fils, vous
feront connaître des choses inconnues au reste des
humains, et qui vous paraîtront n'avoir jamais

existé; ces livres ont échappé à l'incendie de la bibliothèque des Ptolémées; ils en ont éprouvé quelques atteintes comme vous le voyez. »

En effet, plusieurs pages avaient été noircies par le feu.

« — Eh bien! c'est aux connaissances que j'ai puisées dans ces ouvrages que je dois le pouvoir de commander à tous les êtres qui habitent les régions aériennes et terrestres, connues et inconnues des hommes.

« O mon fils! prosternez-vous devant la Divinité; déplorez, en sa présence, les égarements de l'esprit humain, et promettez-lui d'être aussi vertueux qu'il est possible à l'homme de l'être.

« Gardez-vous d'étudier la morale dans des écrits ignorés de la multitude, dans des systèmes produits par la chaleur de l'imagination, par l'inquiétude de l'esprit ou par le désir de la célébrité qui tourmentaient leurs auteurs, mais cherchez-la dans leur conduite; dans ces ouvrages où, n'ayant d'autre intérêt que celui de la Vérité, et d'autre but que l'utilité publique, ils rendent aux mœurs et à la vertu l'hommage qu'elles ont obtenu dans tous les temps et chez tous les peuples. »

Les Démons Familiers.

J'écoutais ce bon vieillard avec une admiration

mêlée de respect, il avait cessé de parler et je croyais l'entendre encore : une douce majesté régnait dans tous ses traits, et la persuasion semblait couler de ses lèvres, comme un ruisseau limpide s'échappe d'un coteau, pour fertiliser les prairies ; il s'aperçut de mon admiration qui tenait de l'extase.

« — Mon cher fils, me dit-il, je vous pardonne votre étonnement, vous avez jusqu'à ce moment vécu dans la société d'hommes corrompus, qui auront appris à douter de tout, à oublier le respect que l'on doit à celui qui a tout tiré du néant. La sagesse était pour eux un mot vide de sens ; mais lorsque vous la connaîtrez, qu'elle sera devenue pour vous une vertu pratique, vous ne la regarderez plus que comme une chose toute simple et aussi naturelle que l'air que vous respirez et qui est si nécessaire à votre existence.

« Vos blessures se cicatrisent, demain je commencerai votre éducation de sagesse et je vous donnerai la première leçon. Je vais maintenant à ma volière, donner à manger à mes prisonniers. »

— « Comment, lui dis-je, à vos prisonniers? avec votre philosophie et cet amour de l'humanité qui vous caractérise vous privez de la liberté des êtres vivants? »

Il sourit à mon observation.

— « Mon cher fils, ce que je fais est nécessaire pour faciliter mes opérations mystérieuses; mais le sort de ceux qui sont soumis à mes lois, est peut-être plus doux que s'ils jouissaient de leur entière liberté : d'ailleurs, ils n'en ont jamais connu le prix et ne peuvent la désirer. Demain vous saurez le mot de toutes ces énigmes. »

Il me quitta pour entrer dans le souterrain où il m'avait conduit lorsqu'il m'avait fait voir les coffres remplis d'or et de pierreries. Bientôt il revint. Je me levai, il me dit de m'approcher de la tente, et que nous allions prendre quelque chose avant de nous livrer au sommeil. Il enleva les papiers qui se trouvaient sur la table, il prit un siège, et il me dit de m'asseoir à ses côtés. J'obéis, et comme je ne voyais aucun mets, il ajouta en riant :

« — Cette nourriture n'est pas très substantielle, mais un instant, et vous verrez que j'ai des cuisiniers et des esclaves aussi habiles qu'intelligents. »

Il prononça ensuite ces mots : *Ag, Gemenos, Tur, Nicophanta*, et souffla trois fois sur un anneau qu'il avait au doigt.

Aussitôt la salle fut éclairée par sept lustres de cristal de roche qui parurent à la voûte; *neuf* esclaves entrèrent portant différents mets dans des plats d'or et du vin dans des vases de la plus grande richesse. Des parfums brûlaient sur des

trépieds, et une musique céleste se fit entendre :
tout fut déposé sur la table dans le plus bel ordre,
et les esclaves se tinrent du haut autour de nous
pour nous servir.

Le Festin Féerique.

« — Vous voyez, mon fils, me dit encore le bon
vieillard, que je n'ai qu'à commander pour être
obéi : mangez, servez-vous, et choisissez ce qui
pourra vous flatter. »

Je me rendis à l'invitation et tout ce que je
goûtai était délicieux. Je pris ma coupe, et du vin
semblable au nectar coula dedans ; son bouquet,
avant-coureur de son goût délicat, flattait agréable-
ment l'odorat : et lorsqu'il eut frappé mon palais
et que j'eus savouré, il me sembla qu'un feu divin
coulait dans mes veines et que j'acquérais une
nouvelle existence.

Je regardais les esclaves qui nous servaient; ils
étaient tous dans la fleur de l'âge, de la plus grande
beauté, vêtus de tuniques de soie rose avec des
ceintures blanches; leurs cheveux blonds tom-
baient en boucles ondoyantes sur leurs épaules, et
les yeux baissés et dans le respect, ils attendaient
les ordres de leur maître. Le vieillard me laissa
terminer mon examen, et il me dit ensuite :

« — Mon fils, vous avez apaisé votre faim ? »

« — Oui mon père. »

Il leva la main, et dit : *Osuam, Bedac, Acgos,* et les esclaves s'empressèrent d'enlever tout ce qui était sur la table ; ils sortirent, les lustres disparurent et deux lits de repos se placèrent de chaque côté de l'appartement, qui n'était plus éclairé que par la lampe qui jetait une lumière douce semblable au crépuscule.

« — Voilà, mon cher fils, la manière dont vous serez servi chaque jour, vos occupations varieront à l'infini et vous préserveront de l'ennui. Livrez-vous au sommeil, je vais en faire autant, et demain, dès que le jour paraîtra, je tiendrai la parole que je vous ai donnée. »

« — Mais, mon père, le jour ne pénètre jamais dans notre demeure ; comment pourrez-vous connaître que l'aurore paraît ? »

« — Cela dépend de ma volonté, mon fils, c'est encore une surprise que je vous ménage. A demain, dormez en paix ! »

Il me tendit la main, je la pressai sur mon cœur ; il approcha de son lit, se coucha et bientôt le sommeil s'appesantit sur ses paupières ! je l'imitai, et peu de temps après je m'endormis.

Lorsque j'ouvris les yeux, la lampe avait disparu, le jour éclairait la chambre et les rayons du soleil y pénétraient; le vieillard se promenait, des livres à la main; le mouvement que je fis interrompit sa lecture, il me regarda en souriant, je me levai avec précipitation et je volai dans ses bras qu'il m'ouvrit :

« — Mon père, je vous salue !

« — Vous avez bien reposé? me dit-il, mon cher fils, j'en juge par le calme qui règne sur votre visage : rendez hommage à Dieu qui vous a permis de jouir encore de ce beau jour qui vous éclaire, et avant que de vous initier aux mystères de la sagesse, j'aurai un entretien avec vous sur un point de ma doctrine qui exige des développements. »

Il me présenta un livre, et l'ouvrit en me disant : Voici à la première page, la prière que vous devez adresser au Grand Être; et je lus ce qui suit :

Oraison des sages.

« *Immortel, éternel, ineffable et sacré Père de*
« *toutes choses, qui es porté sur le chariot, roulant*
« *sans cesse, des mondes qui tournent toujours.*
« *Dominateur des campagnes Éthériennes, où est*
« *élevé le trône de ta puissance, du haut duquel tes*
« *yeux redoutables découvrent tout, et tes belles et*
« *saintes oreilles écoutent tout. Exauce tes enfants*
« *que tu as aimés dès la naissance des siècles; car*
« *ta durée, et grande et éternelle majesté resplendit*

« *au-dessus du monde et du ciel; des étoiles, tu es*
« *élevé sur elles; ô feu étincelant, là, tu t'allumes,*
« *et t'entretiens toi-même par ta propre splendeur,*
« *et il sort de ton essence des ruisseaux intaris-*
« *sables de lumières qui nourrissent ton esprit*
« *infini.*

   « *Cet esprit infini produit toutes choses, et fait*
« *ce trésor inépuisable de matière, qui ne peut*
« *manquer à la génération qui l'environne, tou-*
« *jours à cause des formes sans nombre dont elle*
« *est enceinte, et dont tu l'as remplie au commen-*
« *cement.*

   « *De cet esprit tirent aussi leur origine ces rois*
« *très saints qui sont debout autour de ton trône, et*
« *qui composent ta cour, ô père universel! ô unique!*
« *ô père des bienheureux mortels immortels! et tu*
« *as créé en particulier des puissances qui sont*
« *merveilleusement semblables à ton éternelle pen-*
« *sée et à ton essence adorable. Tu les as établies*
« *supérieures aux anges qui annoncent au monde*
« *tes volontés. Enfin, tu nous a créés souverains*
« *dans les éléments. Notre continuel exercice est de*
« *te louer et d'adorer tes désirs.*

   « *Nous brûlons du désir de te posséder. O père!*
« *ô mère la plus tendre des mères! ô l'exemplaire*
« *admirable des sentiments de la tendresse des*
« *mères! ô fils, la fleur de tous les fils! ô formes de*

« *toutes les formes! âme, esprit, harmonie et*
« *nombre de toutes choses, nous t'adorons!...* »

Cosmogonie éthérée.

Dès que j'eus fini, il me dit :

« Mon cher fils, je vous ai parlé des esprits qui
peuplent le ciel, la mer, la terre et le feu, c'est-à-

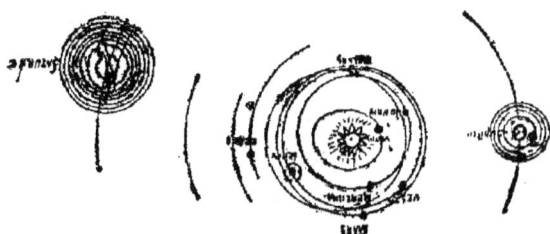

dire les éléments. Je vous ai dit un mot des génies,
je vais entrer dans de plus grands détails afin
d'étendre les bornes de votre intelligence et vous
donner les moyens de pénétrer, de concevoir les
mystères sacrés qui vont vous être dévoilés.

« Lorsque l'univers fut plein de vie, ce fils
unique, ce Dieu engendré avait reçu la figure
sphérique la plus parfaite de toutes : il était assu-
jetti au mouvement circulaire, le plus simple de
tous, le plus convenable à sa forme.

« L'Être Suprême jeta des regards de complaisance sur son ouvrage; et l'ayant rapproché du
modèle qu'il suivait dans ses opérations, il recon-
nut avec plaisir que les traits principaux de l'ori-

ginal se retraçaient dans la copie. Il ne lui accorda point l'éternité, ces deux mondes ne pouvant avoir les mêmes perfections. Il fit le Temps, cette image mobile de l'immobile éternité, qui mesure la durée du monde sensible, comme l'éternité mesure celle du monde intellectuel; et pour qu'il laissât des traces de sa présence et de ses mouvements, l'Être Suprême alluma le soleil et le lança avec les autres planètes dans la vaste solitude des airs : c'est de là que cet astre inonde le ciel de sa lumière.

« L'auteur de toutes choses adressa ensuite la parole aux génies à qui il devait confier l'administration des astres.

. . . .

« Dieux, qui me devez la naissance, écoutez mes
« ordres souverains. Vous n'avez pas de droits à
« l'immortalité; mais vous y participerez par le
« pouvoir de ma volonté, plus forte que les liens
« qui unissent les parties dont vous êtes composés.
« Il reste pour la perfection de ce grand tout, à
« remplir d'habitants, les mers, la terre et les airs :
« s'ils me devaient immédiatement le jour, sous-
« traits à l'empire de la mort, ils deviendraient
« égaux aux Dieux mêmes.

« Je me repose donc sur vous du soin de les pro-
« duire. Dépositaires de ma puissance, unissez à
« des corps périssables les grâces d'immortalité

« que vous allez recevoir de mes mains. Formez
« en particulier des êtres qui commandent aux
« autres animaux et vous soient soumis; qu'ils
« naissent par vos ordres, qu'ils croissent par vos
« bienfaits, et qu'après leur mort ils se réunissent
« à vous et partagent votre bonheur. »

Hiérarchie céleste.

« Il dit, et soudain versant dans la coupe où il
avait pétri l'âme du monde, les restes de cette âme
tenus en réserve, il en composa les âmes particu-
lières; et joignant à celle des hommes une parcelle
de l'essence divine, il leur attacha des destinées
irrévocables; ayánt ensuite ordonné aux Dieux
inférieurs de les revêtir successivement de corps
mortels, de pourvoir à leurs besoins et de les gouverner, l'Être Suprême rentra dans le repos éternel.

« Les Dieux inférieurs, en nous formant, furent
obligés d'employer les mêmes moyens que lui, et
de là les maladies du corps et celles de l'âme encore plus dangereuses. Tout ce qui est bien dans
l'univers en général, et dans l'homme en particulier, dérive du Dieu Suprême; tout ce qui s'y
trouve de défectueux vient des vices inhérents à
la matière.

« La terre et les cieux sont donc peuplés, mon
cher fils, de génies auxquels l'Être Suprême a

confié l'administration de l'univers; il les a distri-
bués partout où la nature paraît animée, mais
principalement dans ces régions qui s'étendent
autour et au-dessus de nous, depuis la terre jusqu'à la sphère de la lune. C'est là qu'exerçant une
immense autorité, ils dispensent la vie et la mort,
les biens et les maux, la lumière et les ténèbres.

« Chaque peuple, chaque individu trouve dans
ces agents invisibles un ami ardent à le protéger,
un ennemi non moins ardent à le poursuivre. Ils
sont revêtus d'un corps aérien, leur essence tient
le milieu entre la nature divine et la nature, ils
nous surpassent en intelligence; quelques-uns sont
sujets à nos passions, la plupart à des changements qui les font passer à un rang supérieur. Car
le peuple innombrable des esprits est divisé en
quatre classes principales :

« La première est celle des Êtres parfaits, que
le vulgaire adore et qui résident dans les astres.

« La seconde, celle des génies proprement dits
et dont je vous entretiens.

« La troisième, celle des Êtres moins parfaits et
qui cependant rendent de grands services à l'humanité.

« La quatrième, celle de nos âmes, après qu'elles
sont séparées des corps qu'elles habitaient.

« Nous décernons aux trois premières des hon-

neurs qui deviendront un jour le partage de la nature si nous cultivons exclusivement la sagesse et
la vertu. »

L'Empire des Esprits.

« Pour vous rendre plus sensible ce que je vous
ai avancé relativement aux génies, je vais vous
rapporter ce qui m'est arrivé avec celui qui m'est
soumis. Sachez, d'ailleurs, qu'ils ne se communi-
quent qu'aux âmes depuis longtemps préparées
par la méditation et la prière. L'empire que j'ai
obtenu sur mon génie est le résultat de ma constance dans la pratique des vertus. Dans le principe je ne le voyais que rarement ; un jour, cédant
à mes instances réitérées, il me transporta dans
l'empire des esprits.

« Écoutez, mon fils, le récit de mon voyage :

. . . .

« Le moment du départ étant arrivé, je sentis mon
âme se dégager des liens qui l'attachaient au corps,
et je me trouvai au milieu d'un nouveau monde de
substances animées, bonnes ou malfaisantes, gaies
ou tristes, prudentes ou étourdies : nous les suivîmes pendant quelque temps, et je crus reconnaître qu'elles dirigent les intérêts des états et ceux
des particuliers, les recherches des sages et les
opinions de la multitude.

« Bientôt, une femme d'une taille gigantesque, étendit ses crêpes noirs sur la voûte des cieux; et étant descendue lentement sur la terre, elle donna ses ordres au cortège dont elle était accompagnée.

« Nous nous glissâmes dans plusieurs maisons : le sommeil et ses ministres, y répandaient des pavots à pleines mains; et, tandis que le silence et la paix s'asseyaient doucement auprès de l'homme vertueux, les remords et les spectres effrayants secouaient avec violence le lit du scélérat.

« — L'aurore et les heures ouvrent les barrières
« du jour, me dit mon conducteur, il est temps de
« nous élever dans les airs. Voyez les génies tuté-
« laires de l'Égypte planer circulairement au-
« dessus des différentes villes de ces contrées
« qu'arrose le Nil, ils en écartent autant que pos-
« sible, les maux dont elles sont menacées.

« Cependant, leurs campagnes vont être dévas-
« tées : car des génies enveloppés de nuages som-
« bres s'avancent en grondant contre nous, et ils
« m'annoncent déjà l'arrivée de l'armée dont vous
« faisiez partie, car il avait connaissance de l'avenir.

« Observez maintenant ces agents empressés,
« qui, d'un vol aussi rapide, aussi inquiet que ce-
« lui de l'hirondelle, rasent la terre et portent de
« tous côtés des regards avides et perçants; ce sont
« les inspecteurs des choses humaines : les uns

« répandent leur douce influence sur les mortels
« qu'ils protègent, les autres détachent contre les
« forfaits l'implacable Némésis

   « Voyez ces médiateurs, ces interprètes qui mon-
« tent et descendent sans cesse, ils portent aux
« Dieux vos vœux et vos offrandes; ils nous rap-
« portent les songes heureux ou funestes et les
« secrets de l'avenir, qui vous sont ensuite révélés
« par la bouche des oracles.

   « — O mon protecteur ! m'écriai-je tout à coup,
« voici des êtres dont la taille et l'air sinistre ins-
« pirent la terreur; ils viennent à nous.

   « — Fuyons, me dit-il, ils sont malheureux; le
« bonheur des autres les irrite, et ils n'épargnent
« que ceux qui passent leur vie dans les souf-
« frances et dans les pleurs. »

   « Échappés à leur fureur, nous trouvâmes des
« objets non moins affligeants. La Discorde, source
« détestable et éternelle des dissensions qui tour-
« mentent les hommes, marchait fièrement au-
« dessus de leur tête, et soufflait dans leur cœur
« l'outrage et la vengeance. D'un pas timide et les
« yeux baissés, les Prières se traînaient sur ses
« traces, et tâchaient de ramener le calme partout
« où elles venaient se montrer. La Gloire était
« poursuivie par l'Envie, qui se déchirait elle-
« même les flancs; la Vérité par l'Imposture, qui

« changeait à chaque instant de masque, chaque
« vertu par plusieurs vices qui portaient des filets
« ou des poignards.

« La Fortune parut tout à coup; mon génie me
dit : « — Vous pouvez lui parler ». Je la félicitai
des dons qu'elle distribuait aux mortels.

« — Je ne donne point, me dit-elle d'un ton sé-
« rieux, mais je prête à grosse usure. »

« En proférant ces paroles, elle trempait les
« fleurs et les fruits qu'elle tenait d'une main, dans
« une coupe empoisonnée qu'elle tenait de l'autre.

« Alors passèrent auprès de nous deux puissants
génies qui laissaient après eux de longs sillons de
lumière. L'un était celui de la Guerre et l'autre
celui de la Sagesse.

« — Des armées se rapprochent, me dit mon
« conducteur, elles sont sur le point d'en venir aux
« mains. La Sagesse va se placer près du général
« dont la cause est juste et il sera vainqueur, car
« elle doit triompher de la valeur.

« — Quittons ces sphères, me dit mon génie. »

« Nous franchîmes avec la rapidité de l'éclair et
de la pensée les limites de l'empire des ténèbres
et de la mort; et nous étant élancés au-dessus de
la sphère de la Lune, nous parvînmes aux régions
qu'éclaire un jour éternel.

« — Arrêtons-nous un instant, me dit le guide,

« jetez les yeux sur le magnifique spectacle qui
« vous entoure ; écoutez l'harmonie divine que pro-
« duit la marche régulière des corps célestes ; voyez
« comme à chaque planète, à chaque étoile, est
« attaché un génie qui dirige sa course. Ces astres
« sont peuplés d'intelligences sublimes et d'une na-
« ture supérieure à la nôtre. »

   « Pendant que, les yeux fixés sur le Soleil, je
contemplais avec ravissement le génie dont le bras
vigoureux poussait ce globe étincelant dans la carrière qu'il décrit, je le vis écarter avec fureur des
âmes qui cherchaient à se plonger dans les flots
bouillants de cet astre, afin de se purifier ; mais
elles n'étaient pas dignes de ce bonheur.

   « Touché de leur infortune, je priai mon conducteur de m'en dérober la vue et de me conduire au
loin, vers une enceinte d'où s'échappaient des
rayons d'une lumière plus éclatante. J'espérais entrevoir le souverain de l'univers, entouré des assis-
tants de son trône, de ces êtres purs que nos philosophes appellent nombres, idées éternelles, génies
des mortels.

   « — Il habite des lieux inaccessibles aux mor-
« tels, me dit le génie, offrons-lui notre hommage
« et descendons sur la terre. »

   « A peine eut-il parlé que nous nous trouvâmes
« au lieu de notre départ.

« Il me dit :

« — Je vous ai fait connaître ce qu'il n'a jamais
« été permis à aucun mortel d'entrevoir : dès ce
« moment, il ne m'est plus permis de vous rien ca-
« cher. » « Et il me dévoila tous les mystères aux-
« quels je vais vous faire participer, et pour vous
« convaincre de la vérité de tout ce que je vous ai
« annoncé, vous allez voir mon génie, qui deviendra
« le vôtre, puisque je vous ai adopté pour mon fils,
« il ne verra en vous qu'un autre moi-même. »

Il prononça ces deux mots : *Koux, Ompax!* à
l'instant je vis paraître un jeune homme de la plus
belle taille, le reste de sa personne brillait de tous
les agréments, et sur le sommet de sa tête s'élevait
une flamme dont mes yeux ne pouvaient soutenir
l'éclat : il dit en souriant au vieillard : *Oles, No-
thos, Perius;* il prit sa main et répondit : *Solathas,
Zanteur, Dinanteur,* et le génie prit place à ses côtés.

Il s'aperçut que la lumière m'avait ébloui :

« — Lorsque vous serez initié aux mystères de
la sagesse vous pourrez contempler ce feu sans
danger et fixer même les rayons du soleil.

« Commençons l'initiation : levons-nous! »

L'Initiation.

J'exécutai, ainsi que le génie, l'ordre qu'il venait
de donner, il plaça la main sur ma tête, et dit :

Sina, Misas, Tanaim, Orsel, Misanthos; une voix qui sortit du souterrain où étaient les coffres où se trouvaient les pierreries, fit entendre cette réponse : *Torzas, Elicanthus, Orbitau.*

A peine le dernier mot fut-il prononcé que nous nous trouvâmes dans l'obscurité la plus profonde. Le feu qui brillait sur la tête du génie disparut également.

« — Soyez sans crainte et sans frayeur, me dit le vieillard.

« — Mon père, ne suis-je pas avec vous.

« — Cette réponse me plaît, elle annonce de la confiance : vous allez en éprouver les effets... »

Il dit ensuite : *Thomasos, Benasser, Flianter* et tout parut éclairé ; mais par une lumière sombre, semblable à un transparent ; et je vis entrer plusieurs individus qui prirent place autour de la salle.

« — Voici tous les génies qui vous seront soumis, je vais vous faire reconnaître. »

Il me prit par la main et me conduisant autour de la salle, il s'arrêta devant chaque génie, et me dit : « Répétez avec moi : *Litau, Izer, Osnas* » ; j'obéis, et chaque génie s'inclinait en disant : *Nanther.* Ils étaient trente-trois ; lorsque nous fûmes au dernier, il me dit de retourner à la place que j'avais oc cupée.

La Baguette magique teinte du sang d'un Agneau blanc nouveau-né, avec les caractères hiéroglyphiques qu'on doit écrire dessus à l'encre de Chine.

Prenant ensuite une baguette de six pieds de longueur, ayant à l'un des bouts la tête d'un serpent et à l'autre la queue, et sur cette baguette des plaques en or de même que la tête et la queue, sur lesquelles étaient gravés les caractères, il en forma ensuite un cercle en réunissant chaque extrémité par une chaîne d'or qu'il passa dans deux anneaux ; il le mit sur la terre, et, se plaçant au milieu, il me dit :

« — Que voulez-vous voir dans ce moment, mon fils ?

« — Je répondis : La plaine dans laquelle vous m'avez trouvé sur le point d'expirer de douleur et de besoin. »

Il éleva les deux mains vers la voûte, et dit : *Soutram, Ubarsinens !*

A l'instant les génies s'approchèrent de moi, et, me prenant dans leurs bras, ils m'enlevèrent et je me trouvai transporté au pied de la pyramide, et j'aperçus des troupes d'Arabes qui la parcouraient à cheval. Le vieillard était près de moi, il jouissait de mon étonnement. Je ne l'avais point aperçu d'abord.

« — Vous voyez, mon fils, comme tous ces génies vous sont soumis, comme ils vous obéissent,
ils attendent vos ordres. Voulez-vous retourner
dans l'endroit d'où vous êtes parti, ou planer quelque temps au milieu des airs ? sachez que vous

voyez tout ce qui se passe autour de vous et que
vous n'êtes visible que pour le grand Être qui veut
bien nous accorder la sagesse, et pour tous ceux
qui vous accompagnent. »

Je témoignai le désir de parcourir l'immensité.

« — Prononcez *Saram*, en étendant le bras vers
l'orient et vous allez être satisfait. »

Je fis entendre ce mot et je fis le signe indiqué :
les génies m'enlevèrent ainsi que le vieillard ; nous
approchâmes des nuages, et le plus vaste horizon
s'offrit à mes regards enchantés.

« — Vous voyez, me dit encore le vieillard, que je ne vous ai pas fait de vaines promesses, vous auriez le même succès dans toutes vos entreprises; mais retournons dans la pyramide, le génie nous attend, nous allons continuer nos opérations. »

Il prononça *Rabiam*, et bientôt nous rentrâmes dans la demeure du vieillard.

Lorsque nous fûmes assis, les génies disparurent, il ne resta avec nous que le premier; tout changea de décoration, et une lumière plus vive éclaira le souterrain. Et, formant le grand cercle magique, le vieillard me dit :

« — Allez auprès de votre génie; je vous le permets, je sais que vous avez un cœur pur; que vous ne vous êtes jamais rendu coupable d'aucune action dont vous ayez à rougir, sans cela vous seriez frappé de mort en entrant dans ce cercle. Allez, mon fils! »

Et je remplis ses intentions. Il ouvrit la cassette; il me présenta

I. — Le Talisman et l'Anneau Évocateurs

et reprit :

« — Mettez l'anneau à votre doigt et le talisman sur votre cœur, prononcez ensuite ces mots : *Siras, Etar, Besanar*, et vous en connaîtrez les effets. »

A peine ces paroles furent sorties de ma bouche,

que je vis paraître une foule d'esprits, de figures,
de formes différentes, et le génie qui était à mes
côtés, me dit :

« — Commandez, ordonnez ; et vos désirs vont
être satisfaits. »

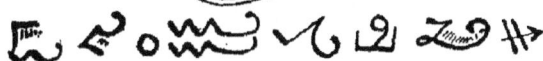

Le vieillard ajouta :

« — Mon fils, le ciel et les enfers sont à vos ordres, je pense que dans ce moment il ne vous
manque rien ; remettez, si m'en croyez, à éprouver
plus tard l'intelligence et l'activité de ces esprits ;
pour les faire disparaître, ôtez l'anneau de votre
doigt et le talisman de la place qu'il occupe et ils
vont retourner dans leur sphère. »

Je fis ce qui m'était ordonné et tout s'évanouit
comme un songe.

« — Il me reste encore beaucoup de choses à vous apprendre pour composer vous-même ces anneaux et ces talismans; cette instruction fera l'objet de travaux très importants que nous ferons ensemble à l'aide de notre génie.

« Suivons le cours de nos expériences. Restez à votre place. »

L'Anneau d'Amour.

Il me donna cet autre anneau, et me dit :

« — Cet objet précieux, mon fils, est destiné à vous faire aimer de la plus belle portion du genre

humain; il n'est point de femme qui ne s'estime heureuse de vous plaire, et qui ne mette en usage tous les moyens possibles pour y réussir. Voulez-vous que la plus belle odalisque du grand empe-

reur des Croyants soit dans un instant conduite
devant vous? Mettez l'anneau à votre second doigt
de la main gauche, pressez le talisman sur votre
bouche, et dites en soupirant tendrement : *O Na-*
des, Suradis, Maniner ! »

Et tout à coup parut un génie avec des ailes
roses ; il vint se mettre à genoux devant moi. « Il
attend vos ordres, dit le vieillard ; dites-lui : *Sader,*
Prostas, Solaster ». Je répétai ces mots et il disparut.

« — Il va parcourir un espace immense avec la
rapidité de la pensée, et ce que la nature a formé
de plus beau paraîtra à vos yeux et servirait de modèle pour peindre ces houris que notre divin pro-
phète promet à ses fidèles serviteurs. O mon fils,
que vous êtes heureux ! jamais aucun mortel n'ob-
tint de telles faveurs du grand Être, je le vois à la
promptitude avec laquelle on exécute vos volontés. »

Il finissait de parler, lorsque le génie aux ailes
roses arriva : il portait sur ses bras une femme en-
veloppée d'un grand voile blanc, elle paraissait
endormie et il la posa doucement sur un canapé
qui parut près de moi. Il leva ce voile qui la ca-
chait ; jamais rien de si beau ne s'offrit à mes yeux ;
c'était Vénus avec tous les charmes de l'innocence ;
elle soupira et ouvrit les plus beaux yeux du
monde, qu'elle arrêta sur moi ; elle jeta un cri de
surprise, et dit :

« — C'est lui!... Quel son de voix harmonieux! »

Le vieillard me dit : « Approchez de cette belle, mettez un genou en terre, c'est ainsi qu'on doit lui parler, prenez sa main. »

J'obéis, et la divinité à laquelle j'adressais mon hommage, me dit :

« — Je t'ai vu en songe, je t'aimais, et la réalité te rend encore plus cher à mon cœur; je te préfère au sultan qui, depuis plusieurs jours, me fatiguait de son hommage... »

« — C'en est assez », dit le vieillard; et il prononça fortement : *Mamnes Laher.*

Quatre esclaves parurent, enlevèrent le canapé et celle qui avait déjà fait une si vive impression sur mon cœur. Le vieillard s'aperçut de mon émotion et de la peine que me faisait éprouver son départ; il me dit :

« — Vous la reverrez. Sachez que pour posséder la sagesse il faut savoir résister aux attraits de la volupté. »

Ces paroles me firent rentrer en moi-même, et je lui dis :

« — Pardonnez, mon père, mais vous l'avez vue, voilà mon excuse. »

Je replaçai dans la cassette l'anneau et le talisman, et il me donna le

II. — Talisman des trésors avec l'inscription et l'anneau.

« — Ce talisman et cet anneau, me dit le vieillard, ne sont pas les moins précieux, ils vous feront découvrir tous les trésors qui existent et vous en assureront la possession. Placez l'anneau au second doigt de votre main droite, fermez le talisman avec le pouce et le petit doigt de la main gauche, et dites : *Onaïm, Perantès, Rasonatos.* »

Je répétai ces trois mots, et sept génies, au teint basané parurent, portant chacun un grand sac de peau, qu'ils vidèrent à mes pieds et qui renfer-

maient des pièces d'or qui roulèrent au milieu de
la salle où nous étions.

(*Voir aussi page* 88.)

Je n'avais pas remarqué qu'un des génies avait
sur l'épaule un oiseau noir, dont la tête était couverte d'une espèce de chaperon.

« — C'est cet oiseau, me dit le vieillard, qui leur
a fait découvrir tous ces trésors; ne croyez pas que
ce soit une partie de celui que vous avez vu ici,
vous pouvez vous en assurer vous-même.

« — Vous êtes pour moi la vérité elle-même, lui
répondis-je. Eh quoi! mon père, pouvez-vous croire
que je vous fasse l'injure de douter?... »

Il fit un signe aux génies; ils remirent l'or dans
les sacs et disparurent.

« — Vous voyez, mon fils, quelles sont les vertus
et les propriétés de ces talismans et de ces anneaux;
lorsque vous les connaîtrez toutes, vous pourrez,
sans mon secours, opérer tel prodige que vous jugerez à propos. Remettez dans la cassette ceux
dont vous avez fait l'épreuve, et prenez ceci. »

III. — Talisman et anneau acoustique.

« — Ce talisman et cet anneau vous feront découvrir les secrets les plus cachés; vous pénétrerez
partout sans être aperçu, et il ne se prononcera pas

un seul mot dans l'univers qui ne vienne frapper
votre oreille, lorsque vous voudrez l'entendre vous-
même, ou qui ne vous soit rapporté par vos agents,
lorsque vous les en chargerez.

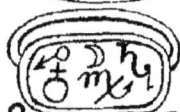

« Pour vous le prouver, répétez ces mots en plaçant le talisman près de votre oreille que vous
tiendrez de la main gauche où sera l'anneau : *Ni-
trae, Radou, Sunandam.* »

Et j'entendis distinctement une voix qui me disait :

« — Le grand Mogol vient de décider dans son
conseil privé qu'il fallait déclarer la guerre à l'em-

pereur de la Chine. » Une autre voix me dit : « Tout
est en rumeur à Constantinople; on a enlevé cette
nuit la sultane favorite, et le grand sultan, au désespoir, a fait jeter tous les eunuques dans la mer,
après leur avoir coupé la tête. »

« — O ciel! que de maux j'ai causés sans le vou-
loir, m'écriai-je avec douleur.

« — Eh bien, mon fils, me dit le vieillard, c'est
une leçon pour vous apprendre à ne pas être esclave
de vos passions, et sachez y mettre un frein. C'en
est assez pour aujourd'hui, demain nous continue-
rons. »

Le lendemain, nous suivîmes le cours de nos
opérations mystérieuses. Le génie ne nous avait
point quittés.

« — Vous voyez, mon fils, me dit le vieillard,
que tout vous devient facile avec de la confiance,
et une âme pure et sans tache. »

Il ouvrit la cassette et en tira

IV. — Le talisman et l'anneau révélateurs.

Lorsqu'il me l'eut remis entre les mains, il
ajouta :

« — Avec deux mots que je vais vous apprendre,
et en plaçant cet anneau au petit doigt de votre
main gauche et le talisman sur l'oreille droite,

l'homme le plus discret vous dévoilera lui-même
ses pensées les plus cachées ; voici ces deux mots :
Noctar, *Raiban* ; en ajoutant un troisième mot qui
est **Biranther**, vos plus grands ennemis ne pour-

ront s'empêcher de publier hautement leurs projets contre vous ; pour vous en convaincre, je vais
vous faire paraître devant vous un des Beys du
Caire, et il vous fera part de tous ses projets contre
les Français. »

Il dit au génie : *Nocdar*, et celui-ci disparut
comme un éclair ; un quart d'heure après il revint
avec le Bey qui dit :

« — Nous avons fait un traité d'alliance avec les Anglais, et l'armistice conclu avec les Français va être rompu sans les prévenir. »

Il disparut avec le génie, après que le vieillard eût dit : *Zelander.*

« — Le Muphti de la grande Mosquée va paraître à vos yeux, et vous montrera un manuscrit d'un ouvrage qu'il compose et qu'il a refusé de communiquer à ses meilleurs amis, et même au grand Vizir. »

Je fis ce qui a été indiqué plus haut, et bientôt le Muphti parut et déposa son manuscrit sur la table, en me disant : *Tonas, Zugar,* ce qui veut dire dans la langue des mages : *Lisez* et *croyez.*

Le vieillard le regardait affectueusement; il lui tendit la main et prononça avec douceur et expression : *ó Solem;* et le Muphti après s'être incliné, disparut.

« — Rendez-moi le talisman et l'anneau, me dit le vieillard, et prenez ceux-ci. »

V. — Talisman et anneau constructeurs.

« — Ils vous serviront, me dit-il, à mettre en activité tel nombre de génies que vous voudrez pour faire sur-le-champ tous les ouvrages que vous désirerez entreprendre et arrêter les travaux qui

pourraient vous être contraires; les mots magiques
sont *Zoranni*, *Zaitux*, *Elastot*. Nous ne ferons point
d'expérience dans ce moment; demain, nous irons

sur les bords du Nil et nous y ferons construire un
pont d'une seule arche sur lequel nous passerons
de l'autre côté du fleuve. En attendant, voici les

VI. — Talisman et anneau destructeurs.

« Ils ont la propriété de tout détruire, de
commander aux éléments, de faire tomber la
foudre, la grêle, les étoiles; aux tremblements de

terre, aux ouragans, aux trombes de terre et de mer, et de préserver nos amis de tous les accidents. Voici les mots qu'il faut prononcer : les numéros

indiquent chaque chose que l'on veut opérer, 1° vous prononcerez : *Ditau, Hurandos;* 2° *Ridas, Talimol;* 3° *Atrosis, Narpida;* 4° *Uusur, Itar;* 5° *Hispen, Tromador;* 6° *Paranthes, Histanos.* »

VII. — Talisman et anneau pour se rendre invisible et ouvrir toutes les portes.

« — Ce talisman et cet anneau vous rendront invisible à tous les regards, même aux yeux des gé-

nies: le Grand Être seul pourra être témoin de vos
démarches et de vos actions, vous pénétrerez partout
au sein des mers, dans les entrailles de la terre,

vous pourrez parcourir également les airs, et aucune action des hommes ne pourra vous être
cachée. Dites seulement : *Benatir, Caracrau,
Dedos, Etinarmi.* »

Je répétai ces quatre mots, et à travers les
murs de la pyramide, je vis deux Arabes qui
étaient dans la plaine, et qui profitaient de l'obscurité pour fouiller dans un tombeau où ils croyaient
trouver quelque cho.. e de précieux.

« — Vous pourrez, quand vous voudrez, éprouver les autres choses que je vous ai annoncées; il suffira seulement de placer l'anneau successivement aux différents doigts de la main droite.

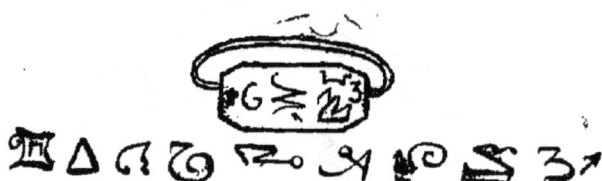

« Ce talisman vous servira aussi, en le retournant, à vous transporter dans telle partie du monde que vous jugerez convenable, sans courir aucun danger; prononcez seulement ces mots :

« *Radiatus, Polastrien, Terpandu, Ostrata, Pericatur, Ermas.*

« Mais j'espère que vous ne ferez pas usage de ce moyen pour me quitter sans mon aveu; promettez-le moi.

« — Mon père, j'en fais serment.

« — Avec ce talisman mis à la main gauche, vous ouvrirez toutes les serrures, quels que soient les secrets qu'on ait employés pour les fermer; vous n'aurez pas besoin de clef : en les touchant seulement avec l'anneau, et en prononçant ces trois mots : *Saritap, Pernisox, Ottarim,* elles s'ouvriront d'elles-mêmes sans difficulté : faites-en l'épreuve sur-le-champ, mon fils, me dit le vieillard; fermez la cassette que vous voyez sur cette table. »

Je le fis et, après m'être assuré que rien ne pouvait l'ouvrir que la clef, je la touchai de l'anneau en prononçant les mots magiques et, elle s'ouvrit d'elle-même.

« — Il en sera de même, ajouta le vieillard, de toutes les portes des prisons, des châteaux-forts où l'on pourrait vous renfermer. »

« — Prenez aussi ces

VIII. — Talisman et Anneau dominateurs.

« Ils vous serviront pour détruire tous les projets que l'on pourrait former contre vous; et si quelque génie voulait s'opposer à vos volontés, vous le forceriez à se soumettre à vous, en plaçant le talisman sous votre main gauche, et l'appuyant sur une table et l'anneau au second doigt de la main droite, et vous direz à voix basse, en inclinant la tête : *Senapos, Terfita, Estamos, Perfiter-Notarin.*

« Les mêmes talismans ont une propriété aussi extraordinaire qu'agréable ; ils vous donneront toutes les vertus, tous les talents, et le penchant pour faire le bien, pour changer toutes les substances qui seraient de mauvaise qualité et les rendre excellentes.

« Pour le premier objet, en élevant le talisman

et l'anneau placé à la première phalange du troisième doigt de la main gauche, il suffira de prononcer ces mots : *Turan, Fstonos, Fuza.*

« Pour la seconde opération, vous direz : *Vazotas, Testanar,* et vous verrez s'opérer le prodige que je vous annonce. »

« — Voici maintenant les

IX. — Talisman et Anneau Panacée.

« Ce talisman et cet anneau vous serviront à
connaître tous les minéraux et les végétaux, leurs
vertus, leurs propriétés, et vous posséderez la mé-

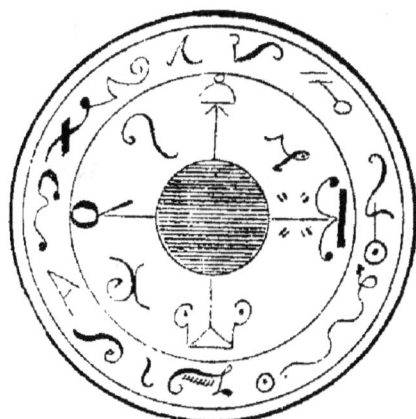

decine universelle; il n'est point de maladie que
vous ne puissiez guérir et point de cure que vous
n'entrepreniez avec succès. Esculape, Hypocrate
ne seront que des écoliers près de vous.

« Vous prononcerez seulement ces paroles : *Re-
terrem, Salibat, Cratares, Hisater*, et lorsque vous
serez près d'un malade, vous porterez le talisman

sur l'estomac et l'anneau en sautoir au cou, attaché avec un ruban couleur de feu.

« Le même talisman et l'anneau serviront pour vous trouver sans danger au milieu des animaux les plus féroces, pour les dompter à volonté, connaître par leurs différents cris ce qu'ils veulent, car ils ont un langage entre eux. Les animaux enragés s'éloigneront de vous et vous les ferez périr sur-le-champ.

« Pour la première opération, il suffira de dire : *Hocatos, Imorad, Surater, Markila.*

« Pour la seconde : *Trumantrem, Ricona, Estupit, Oxa.* »

« — Enfin, les

X. — Talisman et Anneau protecteurs

vous serviront à connaître les intentions bonnes ou mauvaises de tous les individus que vous rencontrerez pour vous en garantir et pour leur imprimer sur la figure un caractère qui les fera remarquer de tout le monde. Il suffira de prononcer, en plaçant le talisman sur votre cœur et l'anneau au petit doigt de la main droite : *Crostes, Furinot, Katipa, Garinos!*

« Les mêmes talismans, mis à la main gauche, vous donneront tous les talents et une connaissance approfondie de tous les arts, de manière à exercer avec autant d'éclat que les plus grands maîtres et les premiers artistes.

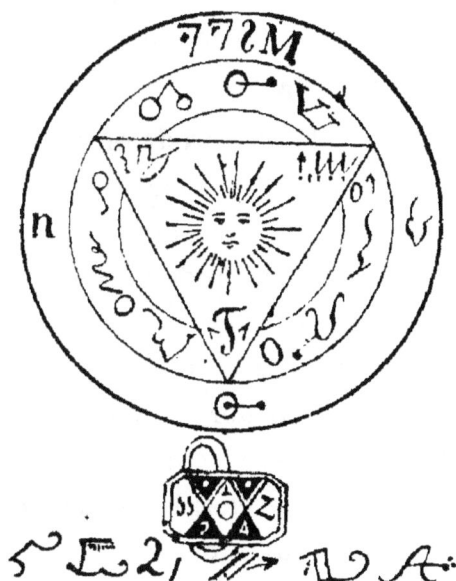

« Il suffira de porter le talisman et l'anneau de la manière que vous le jugerez convenable en prononçant ces sept mots : *Ritas, Onalum, Tersorit, Ombas, Serpitas, Quitathar, Zamarath.* »

(*Voir aussi pages 86 et 88.*)

Composition des talismans et des anneaux.

« — Comme il se pourrait que vous n'eussiez pas les moyens de faire les talismans et les anneaux semblables aux miens, me dit le vieillard, vous les composerez ainsi que je vais vous indiquer, savoir : les anneaux en acier bronzé, en y faisant graver les caractères, et les talismans en étoffe de soie de la dimension des planches.

N° I.   Satin blanc, brodé en or.

N° II.   Satin rouge, brodé argent.

N° III.   Satin bleu ciel, brodé argent.

N° IV.   Satin noir, brodé argent.

N° V.   Satin vert, brodé or.

N° VI.   Satin violet, brodé argent.

N° VII.   Satin noir doré, brodé or.

N° VIII.   Satin lilas en soie nuancée.

N° IX.   Satin ponceau, brodé argent.

N° X.   Satin rouge, brodé, le milieu en or, le bord en argent et les signes en soie noire et blanche.

N° XI.   Satin écarlate, brodé or.

N° XII.   Satin jaune, brodé argent.

Le Sage seul peut se servir des talismans!

Le vieillard, après m'avoir donné ces renseignements, remit tous les talismans et les anneaux dans la cassette. Le génie, qui était à mes côtés, la ferma, lui remit la clef, et le vieillard me dit :

« — Tous ces prodiges qui se sont opérés devant

vous, mon cher fils, ne doivent vous laisser aucun
doute sur la puissance et la vertu de ces talismans
et des anneaux; si vous n'avez éprouvé aucun
obstacle dans vos entreprises, c'est que votre cœur
est pur, que votre âme est sans tache et que la
vertu, la probité et l'honneur vous furent toujours
chers.

« Un homme qui aurait le moindre reproche à
se faire, qui aurait ravi le bien d'autrui ou qui en
aurait seulement eu l'intention, ne pourrait participer à nos mystères; c'est en vain qu'il aurait en
sa possession tout ce que vous voyez, que notre
langue magique lui serait connue, les puissances
célestes, aériennes, infernales, terrestres et celles
des mers et du feu lui seraient rebelles.

« Tout ce qu'il voudrait entreprendre tournerait
à sa honte et à sa confusion et, à chaque invocation qu'il ferait, la puissance dont il réclamerait
les secours et l'intervention lui répondrait : « *Re-
nonce à tes projets, tu es coupable; avant que de
nous commander, purifie-toi, repens-toi, expie tes
fautes.* »

« Si, après cet avis, il continuait à conjurer les
puissances, il finirait par en être puni et perdrait
infailliblement la vie. Souvenez-vous donc, mon
cher fils, que tout est possible à la vertu et qu'aucune faute ne reste impunie; il est encore deux

prières que vous aurez soin de réciter avant et
après chaque conjuration que vous voudrez faire;
les voici :

Première méditation.

« Il y a au-dessus du feu céleste une flamme
« incorruptible, toujours étincelante, source de la
« vie, fontaine de tous les êtres et principe de
« toutes choses. Cette flamme produit tout, et rien
« ne périt que ce qu'elle consume : elle se fait con-
« naître par elle-même; ce feu ne peut être con-
« tenu en aucun lieu; il est sans corps et sans ma-
« tière, il environne les cieux et il sort de lui une
« petite étincelle qui fait tout le feu du soleil, de la
« lune et des étoiles.

« Voilà ce que je sais de Dieu : ne cherche pas
« à en savoir davantage; car cela passe ta portée,
« quelque juge que tu sois; au reste, sache que
« l'homme injuste et méchant ne peut se cacher
« devant Dieu; ni adresse ni ruse ne peuvent rien
« déguiser à ses yeux perçants. Tout est plein de
« Dieu : Dieu est partout. »

Deuxième méditation.

« Il y a en Dieu une immense profondeur de
« flammes; le cœur ne doit pas craindre de tou-

« cher à ce feu adorable, ou d'en être touché ; il ne
« sera point consumé par ce feu si doux, dont la
« chaleur tranquille, impérissable, fait la liaison,
« l'harmonie et la durée du monde. Rien ne sub-
« siste que par ce feu, qui est Dieu même. Per-
« sonne ne l'a engendré ; il est sans mère, il sait
« tout et on ne lui peut rien apprendre : il est iné-
« branlable dans ses desseins et son nom est inef-
« fable.

« Voilà ce que c'est que Dieu, car pour nous, qui
« sommes ses messagers, nous ne sommes qu'une
« petite partie de Dieu. »

. . . .

La Poule noire.

« — Vous voyez, mon fils, que toutes les ins-
tructions que je vous donne ont pour base le respect que l'on doit à Dieu, qui est le principe de
toutes choses et dont la bonté ineffable et sans
bornes nous comble chaque jour de tous ses biens,
lorsque nous savons nous en rendre dignes par
notre respect et notre soumission à sa volonté et à
ses immuables décrets. »

Le vieillard, après ces courtes réflexions, me
dit :

« — Vous avez dû remarquer, mon fils, que je

vous ai parlé des oiseaux auxquels j'allais donner
la nourriture, et vous avez vu des génies qui en
avaient un avec eux, lorsqu'on a déposé à vos
pieds des monceaux d'or : ce sont ces oiseaux qui
les font découvrir par leur instinct et par les paroles magiques et cabalistiques que l'on prononce.

« Pour se procurer ces oiseaux, il existe des
difficultés sans nombre qu'il faut vraincre ; et les
profanes, ceux qui ne sont point initiés dans nos
mystères, font des efforts inutiles pour en obtenir
la possession : c'est de la *merveilleuse Poule noire*
que je vais vous entretenir.

« Le grand *Oramasis*, père de *Zoroastre*, fut le
premier qui en posséda une, c'est de lui que je
tiens le secret de les faire naître, et voici le
manuscrit dans lequel est contenue la manière de
faire éclore ces oiseaux aussi rares que précieux. »

Il m'ouvrit en même temps ce manuscrit, dont la couverture était une lame d'or, couverte de diamants, de rubis, de topazes, de saphirs, dont il était impossible de soutenir l'éclat. Le papier était d'une blancheur éblouissante et les caractères hiéroglyphiques étaient tracés à la main avec de l'encre rose.

« — Je vous apprendrai à lire comme moi dans ce livre ; mais occupons-nous de la manière de faire éclore la Poule noire et de se procurer les œufs desquels elle doit sortir. »

Il prit plusieurs morceaux de bois aromatiques, tels que de l'*aloès*, du *cèdre*, de l'*oranger*, du *citronnier*, du *laurier*, de la *racine d'iris*, *des roses* dont les feuilles avaient séché au soleil ; il mit le tout dans un réchaud d'or, répandit dessus de l'huile balsamique, de l'encens le plus pur, de la gomme transparente ; et ayant prononcé les mots : *Athas, Solinam, Erminatos, Paseim,* le soleil pénétra dans le souterrain.

Il plaça un verre sur le réchaud, et les rayons du soleil ayant frappé sur le verre, au même instant ces parfums et les morceaux de bois odorants qui étaient dans le réchaud s'enflammèrent, le verre se liquéfia, une odeur suave se répandit dans le souterrain ; et bientôt il ne resta plus que des cendres.

L'œuf d'or.

Le vieillard, qui n'avait pas cessé de regarder avec la plus grande attention, prit un œuf d'or qui était dans un sac de velours noir et que je n'avais pas remarqué; il ouvrit cet œuf, y renferma les cendres brûlantes et, le plaçant sur un coussin noir, il le couvrit d'une cloche de cristal de roche à facettes; puis élevant les yeux et les bras vers la voûte, il s'écria : ô *Tanataper, Ismaï, Nontapilus, Ertivaler, Canopistus.*

Le soleil parut darder ses rayons sur cette cloche avec plus de force et de violence. La cloche devint couleur de feu, l'œuf en or se dérobe à mes yeux, une vapeur légère s'élève dans les airs, et je vois un petit poulet noir qui se remue, se met sur ses pattes et fait entendre un léger gloussement; le vieillard lui tend un de ses doigts, il vient se placer dessus, il prononce ces deux mots : *Binusas, Testipas*, et le volatile se glisse dans son sein.

« — Voilà, me dit le vieillard, la manière de se procurer une Poule noire ; dans quelques jours elle sera de la grosseur ordinaire et je l'instruirai devant vous; vous verrez quel est l'instinct de cet animal pour découvrir les trésors les plus cachés, et que la plus petite parcelle d'or ne peut lui échapper. Rendons grâce au Grand Être qui a permis de pénétrer ces mystères et d'opérer tant de prodiges et de merveilles. »

Nous prononçâmes ensemble les deux prières rapportées plus haut, et après avoir rempli ce devoir, il me dit :

« — Mon fils, c'en est assez, nous allons prendre un peu de repos. »

Le soleil nous éclaira encore quelque temps, il disparut, et sa lumière fut remplacée par celle de plusieurs lustres. Le génie, qui ne nous avait pas quittés, prit une lyre et, s'accompagnant, il chanta dans la langue des mages la puissance de l'Éternel et les merveilles de la nature.

Le vieillard écoutait avec attention les accents du génie ; pour moi j'étais dans l'enchantement, et il souriait en m'observant.

« — C'en est assez ! dit-il au génie ; avant de nous livrer au repos, je veux vous indiquer les moyens d'avoir une Poule noire sans avoir recours à ceux que j'ai employés, car il serait difficile de se procurer les parfums et les autres matières que j'ai mises dans le réchaud, si tout autre être que vous et moi voulait opérer ce grand œuvre.

« Mais si vous trouviez quelque jour quelqu'un qui fût digne d'être initié, voici le moyen que vous pourriez employer :

« Vous prendriez un œuf que vous exposeriez à

midi à la lueur du soleil, en observant s'il n'a pas
la moindre tache ; ensuite vous choisiriez une
Poule noire autant que possible ; si elle avait des
plumes d'une autre couleur vous les arracheriez,
vous lui couvririez la tête d'une espèce de chaperon d'étoffe noire de manière à ce qu'elle ne pût
rien distinguer ; vous lui laisseriez l'usage de son
bec, vous la renfermeriez dans une boîte garnie
également d'étoffe noire, assez grande pour la
contenir, et placeriez cette boîte dans une chambre
où le jour ne pourrait pénétrer, ayant même
l'attention de ne lui porter de la nourriture que la
nuit. »

Lorsque toutes ces précautions indispensables
seraient prises, vous lui donneriez l'œuf à couver,
en observant encore qu'elle ne pût être distraite
par aucun bruit. Tout se peignant en noir à cet
oiseau, son imagination en serait frappée, et le
temps révolu, vous verrez éclore une poule par-
faitement noire.

« Mais, je vous le répète, il faut que celui qui
opère soit, par sa sagesse et sa vertu, digne de
participer à ces sacrés et divins mystères ; car si
nous ne pouvons lire dans le cœur des hommes, il
n'en est pas de même du Grand Être, tout lui est
connu et il pénètre nos plus secrètes intentions et
nos pensées les plus cachées ; et c'est d'après cela

qu'il nous accorde ou nous refuse ses faveurs et
ses dons. »

Rêve enchanteur.

« Notre séance a été assez longue, ajouta-t-il,
il faut prendre quelque nourriture avant de nous
livrer au repos. »

Il frappa trois fois dans ses mains, et les esclaves,
les génies qui avaient déjà paru s'offrirent de nouveau à mes regards, et dans un instant nous eûmes
tous les mets qui pouvaient satisfaire le *goût*,
l'*odorat* et les yeux.

Le repas fut très gai ; le vieillard l'anima par
ses saillies, le génie fut aussi de la partie ; j'étais
comme inspiré, et je me joignis à la conversation ;
enfin, le sommeil venant à s'appesantir sur nos
paupières, nous quittâmes la table pour goûter ses
douceurs.

Les songes les plus agréables me bercèrent de
leurs images riantes ; et lorsque je m'éveillai, le
jour éclairait notre demeure. Je ne vis point le
vieillard ni le génie, je pensai qu'ils étaient sortis,
et je m'abandonnai à mes réflexions ; le présent
me rassurait sur l'avenir, rien ne pouvait m'in-
quiéter.

« Si la fortune donne le bonheur, me disais-je,
qui sera plus heureux que moi ? je ne puis former

aucun vœu qui ne soit accompli sur-le-champ: que mon sort serait envié s'il était connu du reste des hommes ! »

Je désirais de pouvoir bientôt rentrer dans ma patrie, et tandis que j'allais donner suite à cette idée, un bruit léger se fit entendre et je vis entrer le vieillard suivi du génie; ils s'approchèrent de moi, me tendirent la main l'un et l'autre, et je quittai sur-le-champ mon lit de repos.

Les Oiseaux chercheurs de Trésors.

« — Vous avez bien reposé, mon cher fils, me dit le vieillard; pendant votre sommeil je suis sorti avec le génie pour visiter mes oiseaux, et je vais vous faire connaître leurs talents. »

Au même instant il toucha un ressort qui était dans la muraille, et elle s'ouvrit, et sept oiseaux noirs, que je reconnus pour des poules, furent apportés dans une cage par deux esclaves noirs.

« — Ces animaux ont un instinct merveilleux pour trouver l'or, vous allez en juger. »

Il plaça plusieurs pièces d'or sous des coussins, dans des crevasses de la muraille, sous les plis de son turban, puis il dit aux esclaves : *Tournabos, Fativos, Almabisos.*

Ils ouvrirent la cage, découvrirent la tête de ces

oiseaux, et les poules sortirent et volèrent sur-le-champ dans les différents endroits où l'or était caché ; elles prirent les pièces et vinrent les déposer aux pieds du vieillard. Il prit ces oiseaux les uns après les autres, les caressa, et il me dit :

« — Vous voyez combien ils sont dociles. Nous allons sortir un instant dans la plaine, j'ai placé dans le sable plusieurs pièces d'or ; nous lâcherons nos oiseaux et bientôt ils auront découvert le trésor. »

Il fit un signe aux esclaves qui les renfermèrent dans la cage et nous partîmes.

Dès que nous fûmes sortis de la pyramide et à cinq cents pas environ dans la plaine, il fit lâcher les oiseaux, et ils firent quelques pas ; bientôt il sembla que l'instinct leur indiquait où se trouvait le trésor ; ils volèrent de ce côté, et se mettant à gratter tous les sept, ils eurent bientôt découvert les sacs ; une d'elles se mit à glousser ; nous approchâmes et nous vîmes les sacs que le vieillard avait cachés. Je ne pus m'empêcher de témoigner ma surprise.

« — Mon fils, vous voyez que tout est possible avec les secours de Dieu et de sa puissante protection. »

Nous prîmes les sacs et nous rentrâmes dans la pyramide.

Le sacré Poussin.

Il fit renfermer les oiseaux avec les mêmes précautions prises pour les faire sortir et il me dit :

« — Voyons dans quel état est mon nouveauné. »

Il ouvrit une petite boîte garnie de duvet dans laquelle il l'avait renfermé, et déjà les plumes commençaient à paraître.

« — Encore quelques jours, dit-il, et il pourra recevoir les premières leçons. »

Il remit la boîte à sa place.

Les Brigands mis en fuite.

« — Depuis que nous sommes ensemble, me dit le vieillard, nous ne sommes point encore sortis; nous allons faire une petite excursion dans la campagne et prendre le costume du pays. »

Le génie couvrit sa tête d'un turban et s'habilla complètement en Turc; j'en fis autant et nous nous disposâmes à partir. Avant de sortir, je vis le vieillard prendre un talisman et un anneau; je le remarquai. Il me dit :

« — Cela peut nous être nécessaire, la précaution est la mère de sûreté. »

Nous nous mîmes en route; nous marchions

tranquillement depuis quelque temps; le vieillard
nous parlait des changements qui s'opèrent de
temps en temps sur le globe, de la révolution des

astres, des planètes; il semblait annoncer et pré-
voir celles qui surviendraient encore.

Tout à coup, une horde d'Arabes vient fondre
sur nous le sabre levé; le vieillard les regarde
sans frayeur; il lève la main, les brigands s'arrê-
tent; il prononça les mots prescrits par le talisman.

XI. — Talisman exterminateur.

Nous devînmes invisibles, et les Arabes étonnés
regardaient de tous les côtés sans nous apercevoir.
Il est impossible de peindre l'étonnement de ces

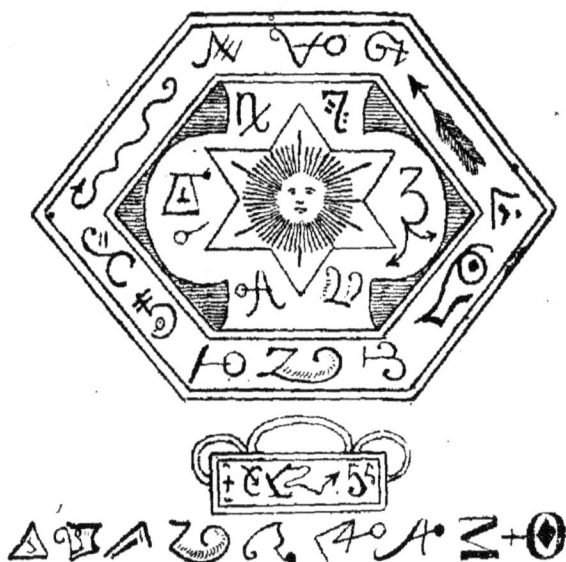

misérables, leur chef paraissait consterné; le vieillard souriait, il prononça d'une voix forte : *Natar-
ter;* et ils prirent la fuite avec la rapidité de
l'éclair.

« — Soyez tranquille, dit le vieillard, de longtemps ils n'oseront reparaître dans cette contrée. »

Triste prévision.

Nous marchâmes encore quelques heures; le temps s'écoulait avec une rapidité extraordinaire, la conversation du vieillard était si variée, si instructive qu'il était impossible de l'écouter sans être charmé de tout ce qu'il disait.

« — Retournons vers notre demeure. »

Et après avoir prononcé ces mots, il regarda le soleil et s'écria :

« — Astre brillant, image de la divinité, toi qui vivifies la terre et donnes la vie à la nature, reçois mon hommage; puissé-je, avant de quitter la terre, jouir constamment de ta lumière! »

« — Qui peut faire naître ces sombres idées, m'écriai-je aussitôt, pourquoi songez-vous à quitter la terre?

« — Eh! mon fils, chaque jour qui s'écoule, chaque pas que nous faisons nous conduit vers la tombe. Heureux l'homme juste qui peut s'endormir en paix dans le sein de Dieu pour jouir ensuite de la récompense promise à la vertu !

« D'ailleurs, croyez-vous que je ne m'occupe pas d ma dernière heure? A mon âge il est permis d'y penser, et j'ai toujours vécu de manière à pouvoir mourir sans crainte. J'ai 270 ans, j'ai vu

passer beaucoup de choses, et je passerai aussi à
mon tour. En voilà assez sur cette matière, je vois
que je vous afflige, et ce n'est pas mon intention.
Parlons d'autre chose. »

XII. — Pour gagner aux jeux de Hasard.

« — *Ce talisman et cet anneau* vous fourni-
ront aussi les moyens de gagner à coup sûr au

jeu ; mais je veux encore vous indiquer un calcul infaillible pour obtenir les mêmes avantages,
et il est beaucoup plus simple.

« Vous prendrez un jeu de piquet composé de trente-deux cartes ; vous les battrez, couperez et tirerez ensuite dix-neuf cartes à la suite les unes des autres, en commençant par celle qui est en dessus, et vous en prendrez le nombre, savoir : l'as pour 11, le roi 4, la dame 3, le valet 2, et les autres cartes pour leur valeur numérique ; vous en ferez le total, vous y ajouterez les 30 ou 31 jours du mois où vous vous trouverez votre âge, le jour de votre naissance, c'est-à-dire le 1, 2 ou 3, ou tel autre jour, celui de l'époque où vous aurez éprouvé quelque chose d'heureux ou d'agréable ; vous additionnerez tous ces nombres, vous en prendrez le troisième, et vous mettrez à la loterie les nombres que cette addition vous donnera ; vous pourrez être certain que ces numéros sortiront, soit en totalité ou en partie, sur les différentes roues.

« Par exemple, si vous trouviez les nombres 13, 52, 73, vous pourriez prendre encore 31, 25, 37, et des unités, ce calcul est infaillible ; vous pourrez vous en convaincre ; le nombre 30 est privilégié, et c'est d'après lui que tout a été calculé. Car 3 fois 30 font 90 ; c'est d'après cela qu'on n'a pas voulu outrepasser ce nombre dans la loterie ; il en est de même dans tous les jeux.

« Les nombres qui ont trois pour racine sont les plus heureux, l'impair est tout. *Dieu*, après avoir

créé le monde et s'en être occupé pendant six
jours pour établir l'ordre admirable qui existe, se
reposa le septième, qui est impair. Prenons *Dieu*
pour exemple et pour modèle dans tout ce que nous
faisons, et nous réussirons dans tout ce que nous
pourrons entreprendre. Vous avez dû remarquer,
mon fils, que l'impair est la base de toutes les opérations mystérieuses auxquelles je vous ai initié. »

Nous continuâmes notre route et nous arrivâmes
à la pyramide; il ouvrit la porte, et nous descendîmes. Arrivés dans la salle, nous nous assîmes
sur le sopha qui était en face de la table sur
laquelle se trouvait la cassette des talismans; le
vieillard y renferma celui dont il s'était servi pour
nous débarrasser des Arabes, et nous restâmes
quelque temps dans le silence.

La Mort du Juste.

Le vieillard paraissait fatigué, il se pencha sur
le sopha, et bientôt il s'endormit. Je jetai les yeux
sur sa figure vénérable, j'admirai sa sérénité, le
calme répandu sur tous ses traits; je le fis remarquer au génie, qui me dit :

« — C'est l'image de son âme; il y a plus d'un
siècle que je lui obéis, vous ne pouvez vous faire
une idée de sa vertu, de sa sagesse, de sa bonté;

ses jours nombreux sont tous marqués par quelque
bienfait ; que de malheureux il a secourus sans
qu'ils aient jamais su quel être dévoué venait à
leur secours ! Si l'Être éternel, qui a tout créé, pre-

nait la figure d'un mortel, c'est la sienne qu'il em-
prunterait.

« L'homme juste n'est-il pas, en effet, l'image
de Dieu sur la terre ? Beaucoup s'emparent de ce
titre, mais combien l'ont usurpé et le méritent
peu ! »

Après avoir prononcé ces paroles, le génie se
leva, mit un genou en terre près du vieillard, et

levant les mains et les yeux vers le ciel, il dit avec un ton solennel qui m'en imposa :

« Être éternel, qui m'entends et qui lis dans mon cœur, prolonge l'existence de cet homme vertueux. »

« Fais qu'il embellisse encore longtemps par sa présence la terre que tu enrichis de tes dons, à moins que tu ne lui réserves près de toi une récompense digne de lui. »

L'expression du sentiment avec lequel il prononçait ces paroles m'avait vivement ému, de douces larmes mouillèrent mes paupières et je tombai à genoux comme lui.

Le vieillard se réveilla dans ce moment, et jetant les yeux sur nous, il nous dit en souriant : « Que faites-vous donc, mes enfants?... »

Je répondis : « Nous prions le Grand Être de nous conserver notre père. »

« — Mes bons amis, reprit le vieillard, notre vie a un terme marqué par la Providence que nous ne pouvons outrepasser : tout commence, tout doit finir, Dieu seul est éternel ; ce qui seul peut nous survivre, c'est le souvenir de nos vertus et les bons exemples que nous aurons donnés, tandis que, semblables à des voyageurs, nous parcourions la carrière de notre destinée, que nous avons rendue bonne ou mauvaise, suivant que nous avons été plus ou moins les esclaves de nos passions.

« Heureux celui qui a su se commander à lui-même et distinguer de bonne heure ce qui est louable d'avec ce qui ne l'est pas! pour moi j'ai été assez heureux, j'en ai fait la différence dès le printemps de ma vie, et dans mon hiver j'en goûte les douceurs. Je vais bientôt retourner dans le sein de celui qui m'a créé; un songe vient de me l'annoncer dans mon sommeil, et dans quelques heures mon âme va quitter sa dépouille mortelle et s'élever vers les régions célestes... »

« — O ciel! mon père, m'écriai-je, que nous annoncez-vous?

« — Ce à quoi vous devez vous attendre comme moi, mon cher fils; mais je bénis mon sort puisque j'ai en mourant la consolation de laisser mon héritage à un homme qui en est digne, qui aime la vertu, qui la pratique et qui ne s'en écartera jamais. Je vais vous faire connaître mes dernières volontés, et vous les exécuterez ponctuellement, si vous m'aimez et si vous êtes reconnaissant. »

« — Oh mon père! m'écriai-je, pouvez-vous en douter? »

« — Non, mon cher fils, je n'en doute point : écoutez-moi donc. Tous ces trésors, ces bijoux renfermés dans ce souterrain vous appartiennent, ainsi que les talismans, les anneaux, les esclaves et les oiseaux que vous avez vus :

« Pour vous, *Odous*, dit-il au génie, je ne puis mieux vous prouver toute ma tendresse qu'en vous attachant à celui que j'ai trouvé digne de me succéder. Aimez-le, servez-le comme un autre moi-même, et de la sphère céleste où je vais bientôt monter, je veillerai sur vous... »

Il frappa dans ses mains, tous les esclaves parurent :

« — Voici votre maître, leur dit-il, soyez-lui soumis, je vous l'ordonne. »

Ils vinrent tous se prosterner à mes pieds.

« — Étendez la main sur eux en signe de domination, me dit le vieillard. »

J'obéis. Ils se relevèrent, et le vieillard ayant fait un signe, ils disparurent. Il ajouta :

« — Prenez une urne d'or qui se trouve dans ce cabinet à droite. »

Je remplis ses intentions.

« — Mettez-la sur cette table. »

Le Testament du Vieillard.

« — Lorsque je n'existerai plus, vous placerez mon corps dans le milieu de cette salle, vous prendrez les bois odorants qui se trouvent auprès des coffres remplis d'or, vous m'entourerez avec ce bois, et après avoir versé dessus cette liqueur ren-

fermée dans ce vase suspendu à la voûte, vous
vous servirez du talisman avec lequel j'ai formé
l'œuf duquel est éclose la Poule noire; et après
avoir prononcé les paroles mystérieuses vous verrez le bûcher s'enflammer et consumer ma dépouille mortelle; vous prendrez les cendres et vous
les renfermerez dans cette urne; conservez-les...

« Hommes, chérissez ma mémoire, je meurs
content. J'aurais voulu vous indiquer la manière
d'instruire notre petite Poule noire, mais le Ciel,
qui sait nos projets, ne l'a pas voulu ainsi : *Odous*
vous l'apprendra, il connaît aussi ce secret. Je sens
mon âme prête à s'envoler; venez, mon cher fils,
séchez vos larmes, que je vous presse encore sur
mon cœur, et rappelez-vous que la mort n'est à
redouter que pour le coupable et l'homme injuste... »

Je m'approchai de lui, il me donna un dernier
baiser.

« — Adieu, mon cher fils! me dit-il, écoutez
mes dernières volontés. »

Et se penchant ensuite sur le sopha il expira.

. . . .

Je ne pus m'empêcher de dire en sanglotant :
« Que la mort du juste est douce et digne d'envie!

Je tombai presque sans connaissance aux pieds
de mon bienfaiteur : *Odous* me fit revenir à moi,

en m'observant qu'il fallait obéir à notre père. Nous fîmes ponctuellement ce qu'il nous avait ordonné, et bientôt il ne nous resta plus que les cendres du plus juste et du plus vertueux des hommes. Je dis à *Odous :*

« — Nous allons quitter ce séjour et faire toutes les dispositions nécessaires pour retourner dans ma patrie. »

« — Je suis à vous, répondit le génie, vos volontés sont des lois pour moi, commandez et j'obéis. »

Je fis venir tous les esclaves et leur fis prendre le costume des Français : il me suffit d'avoir recours aux talismans. Je fis transporter tous les trésors et les effets qui se trouvaient dans le souterrain sur les bords du Nil, et muni de l'urne précieuse, je m'y rendis moi-même.

Une barque s'y trouva par les soins d'*Odous ;* nous descendîmes le fleuve, et bientôt nous entrâmes dans la rade du Levant, où un bâtiment allait mettre à la voile pour Marseille ; j'y montai avec tout mon monde, et bientôt nous voguâmes en pleine mer.

Le Départ.

Le capitaine du bâtiment et les matelots nous examinèrent avec une extrême curiosité ; comme

je parlais à volonté toutes les langues, ils étaient
toujours plus surpris. La nuit vint, le vent s'éleva;
le capitaine me dit : Je crains une tempête; je lui
répondis : Votre vaisseau est bon, il y résistera.

Ce qu'il avait annoncé arriva : la mer devint
furieuse, la crainte et le désespoir étaient sur tous
les visages, le pilote ne pouvait plus gouverner;
moi seul, calme et tranquille, je semblais impas
sible, muni du *talisman et de l'anneau protecteurs*
(Voy. page 70), et prononçant les paroles mystérieuses, je saisis la barre du gouvernail, et le vaisseau qui, l'instant auparavant, était le jouet des
vents et des flots courroucés sillonna légèrement
le vaste sein des mers.

Tout l'équipage me regardait comme un dieu,
m'en donnait le nom.

« Je ne suis qu'un homme, leur dis-je, mes
amis, je ne m'effraye pas facilement, je connais

l'art de la navigation, et, vous voyez, il ne faut que du sang-froid pour faire tête à l'orage. »

Retour en France.

Le reste de notre traversée fut très heureux ; nous arrivâmes à Marseille, nous fîmes quarantaine avant de débarquer, je payai mon passage et celui de mes gens avec une générosité qui étonna le capitaine ; je fis un cadeau à chaque homme de l'équipage, et je partis comblé de leurs bénédictions.

Je séjournai quelque temps à Marseille ; ayant écrit dans le lieu de ma naissance, j'appris que mes parents n'existaient plus, ils étaient morts pendant mon absence : seul héritier de leurs biens, je les fis réaliser et m'en envoyer le produit. J'achetai une jolie propriété dans les environs de Marseille, le beau ciel de la Provence me plaisait.

J'ai embelli mon habitation et j'en ai fait un séjour enchanté ; les richesses que je possède, celles que je puis me procurer à volonté, si j'en ai le désir, me mettent à même de me satisfaire ; j'ai quelques amis auxquels je donne des conseils, qui les suivent et qui sont étonnés de leur prospérité ; ils ignorent quelle en est la source.

Je n' ' encore fait part de mes projets à per-

sonne; l'envie m'a pris d'écrire ce petit volume;
si ceux qui se le procureront savent en profiter et
sont dignes de pénétrer les mystères et les secrets
qu'il contient, ils jouiront du bonheur réservé à la
vertu et à la sagesse.

Il ne faut pas qu'ils se rebutent : *Labor impro-
bus omnia vincit,* un travail constant et opiniâtre
surmonte tout, dit un proverbe ancien; qu'ils tra-
vaillent donc, et si le succès ne couronne pas leurs
efforts, qu'ils ne s'en prennent qu'à eux; c'est
qu'ils ne sont pas purs et vertueux.

Les incrédules, les ignorants et beaucoup d'autres
gens qu'il est inutile de désigner, me traiteront de
fou, de *visionnaire,* d'*importun;* peu m'importe, la
vérité est là; je ne chercherai point à repousser les
injures, encore moins la censure.

Quelque libraire famélique, qui n'a d'autre mé-
rite que de s'emparer de ce que font les autres, se
hâtera peut-être de faire une édition subreptice de
cet ouvrage, c'est le seul que je punirai avec un
talisman que je me suis réservé et un anneau plus
curieux encore; je me réserve d'orner son chef de
deux oreilles plus longues d'un demi-pied que celles
dont le bon roi Midas fut pourvu autrefois pour
avoir bien jugé.

C'est un avis que je donne en passant à certains
éditeurs.

On voit que, pour un *sorcier*, je ne pousse pas la vengeance très loin.

Et vous, pour qui j'ai écrit cet ouvrage, vous qui cherchez à vous éclairer, à pénétrer, à connaître les mystères et les secrets de la nature, travaillez avec constance, persévérez, purifiez-vous pour obtenir le succès, objet de vos vœux et de vos désirs.

Songez que la moindre tache dont votre cœur et votre âme seraient souillés serait un obstacle invincible pour réussir; vous verriez le port sans pouvoir y entrer, et feriez naufrage au moment où vous vous croiriez sauvés. *Veillez! priez! espérez!*

Adieu, mes chers et bien-aimés lecteurs! Puissiez-vous jouir de toute la félicité qui est devenue mon partage. *Amen.*

Dernières instructions.

Le vieillard n'avait pu m'indiquer la manière d'instruire la petite Poule noire qu'il avait fait éclore; mais avant que d'expirer, il m'avait annoncé qu'*Odous* me ferait connaître ce secret important; lorsque nous fûmes installés dans ma demeure près de Marseille, je lui rappelai la promesse du vieillard.

La Poule était d'une grosseur ordinaire, et il

s'empressa de me satisfaire. Elle était devenue si familière qu'elle ne me quittait presque jamais; j'en avais eu un soin tout particulier pendant la traversée, et si je n'ai point parlé de ce fait, c'est que je l'ai jugé de peu d'importance.

Nous nous occupâmes donc de l'éducation de notre oiseau : on plaça une pièce d'or dans le panier où elle avait l'habitude de se coucher, on lui couvrit les yeux avec le chaperon dont j'ai déjà parlé; et deux ou trois jours après cette opération préliminaire, chaque matin, lorsque je lui portais à manger, elle grattait dans son panier, et prenant la pièce d'or dans son bec, elle la gardait ainsi jusqu'à ce que je l'eusse prise.

On voit que l'instinct de cet oiseau était aussi extraordinaire que merveilleux. *Odous* me dit :

« — Je n'en ai point encore vu d'aussi intelligent; mais il faut avouer que notre bon et respectable père avait employé pour le faire un moyen qui n'était connu que de lui seul, et qu'il n'avait jamais mis en œuvre devant moi : quelle preuve de tendresse et d'amitié il vous a donnée là! Il faudra, dès demain, cacher une pièce d'or dans le jardin; nous porterons notre Poule à quelque distance, et nous verrons si elle la découvrira. »

Le lendemain au matin, nous fîmes ce qui était convenu, et je découvris la tête de mon oiseau; il resta quelque temps sur mes genoux en regardant de différents côtés; enfin, il sauta légèrement à terre, et, courant au pied d'un gros arbre qui était vis-à-vis de nous, il se mit à gratter avec vivacité. *Odous* me dit :

« — Je gage qu'il y a quelque trésor caché au fond de cet arbre; laissons faire la Poule. »

Elle grattait toujours; pour abréger l'opération, je pris une bêche que le jardinier avait laissée dans cet endroit, et après avoir creusé environ deux pieds, je découvris une cassette de quatre pieds carrés, entourée de cercles de fer; comme nous n'avions pas la clé, j'envoyai *Odous* chercher le talisman n° 7 (p. 64) : il revint; à peine eus-je touché la serrure avec l'anneau qu'elle s'ouvrit et que nous découvrîmes plusieurs sacs remplis d'or et d'argent, de la vaisselle plate, des diamants, des bijoux et plusieurs autres objets précieux qui pouvaient être évalués à 1,500,000 francs.

Il paraît que ces richesses avaient été enfouies dans cet endroit, à l'époque des troubles civils, et que, les propriétaires étant morts sans révéler leur secret, personne n'avait eu connaissance de ce dépôt : j'avais acheté cette propriété d'héritiers éloignés; je ne pus m'empêcher, ainsi qu'*Odous*, d'admirer l'instinct de notre Poule noire; mais il fallait qu'elle trouvât également l'autre pièce d'or cachée.

Nous avançâmes quelques pas; elle nous suivait : bientôt elle nous devança, et s'arrêtant à l'endroit où la pièce d'or était cachée, elle l'eut bientôt trouvée, et la prenant dans son bec, elle vint la déposer à mes pieds.

« — Charmant oiseau ! m'écriai-je, combien tu m'es précieux ! tu me tiens lieu du meilleur des hommes, du plus tendre et du plus respectable des pères. »

Odous me dit : « Voyons si elle entendra les paroles sacrées qui doivent être prononcées chaque jour aux Poules noires, pour leur indiquer qu'elles doivent chercher. »

Quand il prononça ces trois mots : *Nozos, Taraim, Ostus*, la poule parut y faire attention et les comprendre, car elle se mit à gratter près de nous et trouva un rubis enchâssé dans un anneau d'or.

« — Je vais, dit *Odous*, prononcer trois autres mots qui doivent lui indiquer qu'il faut qu'elle se repose près de son maître », et il dit : « *Seras, Coristan, Abattuzas !* La Poule vint se placer à mes pieds. *Odous* ajouta : « Toutes les poules que vous possédez connaissent ces mots; mais on a été plus longtemps à les leur apprendre; on les tient avec un ruban : en prononçant les premiers mots, on les fait marcher; en prononçant les seconds, on les arrête, et comme ces oiseaux sont doués d'un instinct particulier, ils font ce que l'on désire. »

Nous cherchâmes encore, et ayant fait transporter la cassette par mes esclaves, je joignis ces
richesses à celles que je possédais déjà.

Épilogue.

Je fis construire un pavillon élégant en marbre
de Crémone, et j'y plaçai l'urne qui contenait les
cendres du vieillard sur un piédestal de marbre
noir, avec des plaques en argent, qui exprimaient
ma reconnaissance et mes regrets. Je fis planter
autour des cyprès des saules pleureurs; et chaque
jour, au lever du soleil, j'allais, suivi d'*Odous*,
visiter ce pavillon et y passer une heure en m'en-
tretenant de notre bon père, et en me rappelant
les leçons et les exemples de vertu qu'il m'avait
donnés.

Je citerai plusieurs époques avec plus de solen-
nité : celle où l'on m'avait sauvé la vie, en me portant dans la pyramide, et l'anniversaire de sa
mort; ce jour était consacré à la douleur et au re-
cueillement dans ma maison, et, une seule fois
dans l'année, tous mes esclaves entraient dans le
bosquet que j'avais fait entourer d'un grillage, afin
que personne ne pût y pénétrer; d'ailleurs, l'épais-
seur des buissons, des feuillages et les sinuosités

qu'il fallait parcourir avant d'arriver au pavillon empêchaient à l'œil le plus perçant de l'apercevoir.

Mes jours s'écoulaient entre le travail, l'étude, la méditation et la promenade : je recevais quelques personnes chez moi; mais aucune n'avait connaissance de ce qui se passait dans mon intérieur.

« *Pour vivre heureux, vivons caché,* » a dit un Sage; et ce proverbe est la règle et la base de ma conduite.

FIN DE LA POULE NOIRE.

LE GRAND GRIMOIRE

LE
GRAND GRIMOIRE

AVEC

LA GRANDE CLAVICULE
DE SALOMON[1]

**ET LA MAGIE NOIRE, OU LES FORCES INFERNALES
DU GRAND AGRIPPA
POUR DÉCOUVRIR TOUS LES TRÉSORS CACHÉS
ET SE FAIRE OBÉIR A TOUS LES ESPRITS**

Suivis des ARTS MAGIQUES

A NISMES
Chez Claude, Imprimeur-lib.

1823

---

1. Reproduction du *Dragon Rouge*.

PRÉLUDE

L'homme qui gémit sous le poids accablant des préjugés de la présomption aura peine à se persuader qu'il m'ait été possible de renfermer dans un si petit Recueil l'essence de plus de vingt volumes, qui, par leurs dits, redits et ambiguïtés, rendaient l'accès des opérations philosophiques presque impraticable.

Mais que l'incrédulité et le prévenu se donnent la peine de suivre pas à pas la route que je leur trace, et ils verront la vérité bannir de leur esprit la crainte que peut avoir occasionnée un tas d'essais sans fruits, étant faits hors de saison, ou sur indices imparfaits.

C'est encore en vain qu'on croit qu'il n'est pas possible de faire de semblables opérations sans engager sa conscience; il ne faut pour être convaincu du contraire que jeter un clin d'œil sur la vie de *saint Cyprien.*

J'ose me flatter que les Savants attachés aux Myst´res de la Science divine, surnommée *occulte,* regarderont ce livre comme le plus précieux Trésor de l'univers.

—————

LE

GRAND GRIMOIRE

CHAPITRE I

Où l'auteur fait l'apologie de son livre.

Ce grand Livre est si rare, si recherché dans
nos contrées, que, pour sa rareté, on le peut ap-
peler, d'après les rabbins, le véritable Grand
Œuvre.

Ce sont eux qui nous ont laissé ce précieux ori-
ginal que tant de charlatans ont voulu contrefaire
inutilement en voulant imiter le véritable, qu'ils
n'ont jamais trouvé, pour pouvoir attraper de l'argent des simples qui s'adressent au premier venu
sans chercher la véritable source.

On a copié celui-ci d'après les véritables écrits
du grand roi *Salomon,* que l'on a trouvés, par un
pur effet du hasard, ce grand roi ayant passé tous
les jours de sa vie dans les recherches les plus
pénibles et dans les secrets les plus obscurs et les
plus inespérés.

Mais enfin il a réussi dans toutes ses entreprises, et il est venu à bout de pénétrer jusqu'à la demeure la plus reculée des Esprits, qu'il a tous fixés et forcés de lui obéir, par la puissance de son *Talisman* ou *Clavicule ;* car quel autre homme que ce puissant génie aurait eu la hardiesse de mettre au jour les foudroyantes paroles dont Dieu se servit pour consterner et faire obéir les esprits rebelles à sa première volonté ?

Ayant pénétré jusqu'aux voûtes célestes pour approfondir les secrets et les puissantes paroles qui font toute la force d'un Dieu terrible et respectable, il a, ce grand roi, pris l'essence de ces réservés secrets, dont s'est servi la grande Divinité, puisqu'il nous a découvert les influences des astres, la constellation des planètes, et la manière de faire paraître toutes sortes d'esprits, en récitant les grandes appellations que vous trouverez ci-après dans ce livre.

On lui doit, de même, la véritable composition de la *Verge foudroyante,* et les effets qui font trembler les esprits, et dont Dieu s'est servi pour armer son ange qui chassa Adam et Ève du paradis terrestre, et de laquelle Dieu frappa les anges rebelles, précipitant leur orgueil dans les abîmes les plus épouvantables, par la force de cette *Verge* qui forme des nuées, qui disperse et

brise les tempêtes, les orages, les ouragans, et les
fait tomber sur quelle partie de la terre que vous
voulez.

Voici donc, ci-après, les véritables paroles sorties de sa bouche, que j'ai suivies de point en
point, et dont j'ai eu tout l'agrément et toute la
satisfaction possibles, puisque j'ai eu le bonheur de
réussir dans toutes mes entreprises.

Signé : Antonio Venitiana,
del Rabina.

CHAPITRE II

Conseils aux Néophytes.

O hommes ! faibles mortels ! tremblez de votre
témérité, lorsque vous pensez aveuglément de posséder une science aussi profonde.

Portez votre esprit au delà de votre sphère, et
apprenez de ma part qu'avant de rien entreprendre, il faut être fermes et inébranlables, et
très attentifs à observer exactement de point en
point tout ce que je vous dis, sans quoi, tout tour-
nera à votre désavantage, confusion et perte to-
tale ; et si, au contraire, vous observez exactement ce que je vous dis, vous sortirez de votre
bassesse et de votre indigence, ayant pleine vic-
toire dans toutes vos entreprises.

Armez-vous donc d'intrépidité, de prudence, de sagesse et de vertu pour pouvoir entreprendre ce grand et immense ouvrage, dans lequel j'ai passé soixante-sept ans, travaillant jour et nuit, pour arriver à la réussite de ce grand but.

Il faut donc faire exactement tout ce qui est indiqué ci-après.

Prions !...

Vous passerez un quart de lune entier, sans fréquenter aucune compagnie de femmes ni de filles afin de ne pas tomber dans l'impureté.

Ensuite vous commencerez votre quart de lune dans le moment que le quartier commencera, promettant au grand *Adonay*, qui est le chef de tous les esprits, de ne faire que deux repas par jour, ou toutes les vingt-quatre heures dudit quart de lune, lesquels vous prendrez à midi et à minuit, ou si vous aimez mieux à sept heures du matin et à sept heures du soir, en faisant la prière ci-après, avant que de prendre vos repas, pendant tout ledit quartier.

PRIÈRE

« *Je t'implore, grand et puissant Adonay, maître de tous les esprits, je t'implore, ô Eloïme, je t'implore, ô Jehovam! O grand Adonay! je te donne mon âme, mon cœur, mes entrailles, mes mains, mes pieds, mes soupirs et mon être : ô grand Adonay ! daigne m'être favorable. »*

« *Ainsi soit-il. Amen.* »

Prenez ensuite votre repas, et ne vous déshabillez ni ne dormez que le moins qu'il vous sera possible pendant tout ledit quartier de lune, pensant continuellement à votre ouvrage, et fondant toute votre espérance dans l'infinie bonté du grand Adonay.

Le lendemain de la première nuit dudit quart de lune, vous irez chez un droguiste pour acheter une pierre sanguine dite *ématille* que vous porterez continuellement avec vous, crainte d'accident, attendu que dès lors l'esprit que vous avez en vue de forcer et de contraindre fait tout ce qu'il peut pour vous dégoûter par la crainte, pour faire échouer votre entreprise, croyant par cette voie se dégager des filets que vous commencez à lui tendre.

Il faut observer qu'il ne faut être qu'un ou trois, y compris le *Karcist*, qui est celui qui doit parler à l'esprit, tenant en main la *Verge foudroyante*.

Vous aurez soin de choisir pour l'endroit de l'action un lieu solitaire et écarté du monde, afin que le *Karcist* ne soit pas interrompu.

Après quoi, vous achèterez un jeune chevreau

vierge, que vous décorerez, le troisième jour de la
lune, d'une guirlande de verveine, que vous atta-
cherez à son cou, au-dessous de sa tête, avec un
ruban vert ; ensuite vous le transporterez à l'endroit marqué pour l'apparition ; et là, le bras droit
nu jusqu'à l'épaule, armé d'une lame de pur acier,
le feu étant allumé avec du bois blanc, vous direz
les paroles suivantes, avec espérance et fermeté :

PREMIÈRE OFFRANDE

« *Je t'offre cette victime, ô grand Adonay,
Eloïme, Ariel et Jehovam, et cela à l'honneur,
gloire et puissance de ton Être supérieur à tous les
esprits ; daigne, ô grand Adonay, le prendre pour
agréable !... Amen.* »

Ensuite, vous égorgerez le chevreau et lui ôte-
rez la peau, et mettrez le reste dessus le feu, pour
y être réduit en cendres que vous ramasserez, et
les jetterez du côté du soleil levant, en disant les
paroles suivantes :

« *C'est pour l'honneur, gloire et puissance de ton
nom, ô grand Adonay, Eloïme, Ariel et Jehovam !
que je répands le sang de cette victime ; daigne,
ô grand Adonay ! recevoir ces cendres pour
agréables.* »

Pendant que la victime brûle, vous pouvez vous

réjouir en l'honneur et gloire du grand Adonay, Eloïme, Ariel et Jehovam, ayant soin de conserver la peau de chevreau vierge pour former le rond ou le grand *cercle cabalistique*, dans lequel vous vous mettrez le jour de la grande entreprise.

CHAPITRE III

Véritable composition de la Verge foudroyante.

La veille de la grande entreprise, vous irez chercher une baguette ou verge de noisetier sauvage, qui n'ait jamais porté, et qu'elle soit précisément semblable à celle que vous voyez ci-contre.

Ladite baguette devra faire fourche en haut, c'est-à-dire du côté des deux bouts ; sa longueur doit être de dix-neuf pouces et demi.

Après que vous aurez trouvé une baguette de même forme, vous ne la toucherez que des yeux, attendant jusqu'au lendemain, jour de l'action, que vous irez la couper positivement au lever du soleil ; et alors vous la dépouillerez de ses feuilles et petites branches, si elle en a, avec la même lame d'acier qui a servi à égorger la victime, qui sera encore

teinte de son sang, attendu que vous devez faire
attention de ne point essuyer ladite lame, en commençant à la couper quand le soleil commencera
à paraître sur cet hémisphère, en prononçant les
paroles suivantes :

*« Je te recommande, ô grand Adonay, Eloïme,
Ariel et Jehovam ! de m'être favorable, et de donner à cette baguette que je coupe la force et la vertu
de celle de Jacob, de celle de Moïse et de celle du
grand Josué ; je te recommande aussi, ô grand
Adonay, Eloïme, Ariel et Jehovam ! de renfermer
dans cette baguette toute la force de Samson, la
juste colère d'Emmanuel et les foudres du grand
Zariatnatmik, qui vengera les injures des hommes
au grand jour du jugement. Amen. »*

Après avoir prononcé ces grandes et terribles
paroles, et ayant toujours la vue du côté du soleil levant, vous achèverez de couper votre baguette, et l'emporterez dans votre chambre ; ensuite vous chercherez un morceau de bois, que
vous rendrez de même grosseur que les deux
bouts de la véritable, que vous porterez chez un
serrurier pour faire ferrer les deux petites branches
fourchues avec la lame d'acier qui a servi à égorger la victime, faisant attention que les deux bouts
soient un peu aigus lorsqu'ils seront posés sur le
morceau de bois.

Le tout étant ainsi exécuté, vous retournerez à la maison, et mettrez ladite ferrure vous-même à la véritable baguette, vous prendrez ensuite une pierre d'aimant que vous ferez chauffer pour aimanter les deux pointes de votre baguette en prononçant les paroles suivantes :

« *Par la puissance du grand Adonay, Eloïme, Ariel et Jehovam, je te commande d'unir et d'attirer toutes les matières que je voudrai : par la puissance du grand Adonay, Eloïme, Ariel et Jehovam, je te commande, par l'incompatibilité du feu et de l'eau de séparer toutes matières, comme elles furent séparées le jour de la création du monde. Amen.* »

Ensuite vous vous réjouirez en l'honneur et gloire du grand Adonay, étant sûr que vous possédez le plus grand trésor de lumière : le soir ensuite, vous prendrez votre baguette, votre peau de chevreau, votre pierre *ématille* et deux couronnes de verveine, de même que deux chandeliers et deux cierges de cire vierge bénits, et faits par une fille vierge.

Vous prendrez aussi un batte-feu neuf, deux pierres neuves avec de l'amadou pour allumer votre feu, de même qu'une demi-bouteille de brandevin, et une portion d'encens bénit, avec du camphre, aussi bien que quatre clous qui aient servi à la bière d'un enfant mort.

Ensuite, vous vous transporterez à l'endroit où doit se faire le grand œuvre, et ferez exactement ce qui suit, en imitant, de point en point, le grand cercle cabalistique, tel qu'il est démontré ci-après.

CHAPITRE IV

Le grand Cercle cabalistique.

Vous commencerez par former un cercle avec la peau de chevreau, tel qu'il est indiqué ci-devant, que vous clouerez avec quatre clous ; vous pren-

drez ensuite votre pierre *ématille* et tracerez un triangle au dedans du cercle, tel qu'il est représenté, en commençant du côté du levant ; vous tracerez aussi avec la pierre ématille le grand A, le petit ʙ, le petit ʌ et le petit ᴊ, de même que le saint nom de Jésus au milieu de deux croix (JHS), afin que les esprits ne vous puissent rien par derrière.

Après quoi, le Karcist fera entrer ses confrères dans le triangle, à leur place, telle qu'elle est marquée, et y entrera lui-même sans s'épouvanter, quelque bruit qu'il entende, plaçant les deux chandeliers avec les deux couronnes de verveine à la droite et à la gauche du triangle intérieur.

Cela fait, vous commencerez à allumer vos deux cierges, et aurez un vase neuf devant vous, c'est-à-dire devant le Karcist, rempli de charbons de bois de saule, que l'on aura fait brûler le même jour, que le Karcist allumera, y jetant une partie de l'esprit de brandevin, et une partie de l'encens et du camphre que vous avez, réservant le reste pour entretenir un feu continuel, couvenablement à la durée de la chose.

Tout ce qui est marqué ci-dessus étant fait exactement, vous prononcerz les paroles suivantes :

INVOCATION

« *Je te présente, ô grand Adonay! cet encens comme le plus pur: de même je te présente ces charbons comme sortant du plus léger bois. Je te l'offre, ô grand et puissant Adonay, Eloïm, Ariel et Jehovam, de toute mon âme et de tout mon cœur : daigne, ô grand Adonay ! le prendre pour agréable.* Amen. »

Vous ferez aussi attention de n'avoir sur vous aucun métal impur, sinon de l'or ou de l'argent pour jeter la pièce à l'esprit, la ployant dans un papier que vous lui jetterez, afin qu'il ne vous puisse faire aucun mal quand il se présentera devant le cercle.

Pendant qu'il ramassera la pièce, vous commencerez la prière suivante, en vous armant de courage, de force et de prudence : faites aussi attention qu'il n'y ait que le Karcist qui parle, les autres doivent garder le silence, quand même l'esprit les interrogerait, les menacerait.

PREMIÈRE PRIÈRE

« *O grand Dieu vivant ! en une seule et même personne, le Père, le Fils et le Saint-Esprit, je vous adore avec le plus profond respect, et me soumets à votre sainte et digne garde avec la plus vive confiance : je crois, avec la plus sincère foi, que vous êtes mon créateur, mon bienfaiteur, mon soutien et mon maître, et je vous déclare n'avoir d'autre volonté que celle de vous appartenir pendant toute l'éternité.*

« *Ainsi soit-il.* »

SECONDE PRIÈRE

« *O grand Dieu vivant! qui as créé l'homme pour être bienheureux dans cette vie, qui as formé toutes choses pour ses besoins, et qui as dit :* « *Tout* « *sera soumis à l'homme,* » *sois-moi favorable, et ne permets pas que des esprits rebelles possèdent des trésors qui ont été formés pour nos besoins temporels. Donne-moi, ô grand Dieu! la puissance d'en disposer par les puissantes et terribles paroles de la clavicule. Adonay, Eloïm, Ariel, Jehovam, Tagla, Mathon, soyez-moi favorables.* Amen. »

Vous aurez soin d'entretenir votre feu avec l'esprit de brandevin, l'encens et le camphre ; et direz ensuite la prière de l'offrande comme suit :

OFFRANDE

« *Je t'offre cet encens comme le plus pur que j'aie pu trouver, ô grand Adonay, Eloïm, Ariel et Jehovam! daigne le prendre pour agréable ; ô grand Adonay! sois-moi favorable par ta puissance, et fais-moi réussir dans cette grande entreprise.* Amen. »

APPELLATION A LUCIFER

« Empereur Lucifer, prince et maître des esprits rebelles, je te prie de quitter ta demeure dans

quelque partie du monde qu'elle puisse être, pour
venir me parler ; je te commande et conjure de la
part du grand Dieu vivant, le Père, le Fils et le
Saint-Esprit, de venir sans faire aucune mauvaise
odeur, pour me répondre à haute et intelligible
voix, article par article, sur ce que je te demanderai.

« Sans quoi tu y seras contraint par la puissance
du grand Adonay, Eloïm, Ariel, Jehovam, Tagla,
Mathon et de tous les autres esprits supérieurs qui
t'y contraindront malgré toi.

« *Venite ! venite !*

« *Submiritillor* LUCIFUGÉ, ou tu vas être tourmenté éternellement par la grande force de cette
baguette foudroyante. *In subito !* »

Seconde appellation.

« Je te commande et conjure, empereur Lucifer,
de la part du grand Dieu vivant, et par la puissance
d'Emmanuel son fils unique, ton maître et le mien,
et par la vertu de son sang précieux qu'il a répandu
pour arracher les hommes de tes chaînes ; je t'ordonne de quitter ta demeure dans quelque partie du
monde qu'elle soit, jurant que je ne te donne qu'un
quart d'heure de repos, si tu ne viens me parler au
plus tôt à haute et intelligible voix.

« Ou si tu ne peux venir toi-même, m'envoyer ton
messager Astaroth en signe humain, sans bruit ni
mauvaise odeur ; sans quoi je te vais frapper toi et
toute ta race, de la redoutable baguette foudroyante
jusqu'au fond des abîmes.

« Et ce, par la puissance de ces grandes paroles

de la clavicule : *Par Adonay, Eloïm, Ariel, Jehovam Tagla, Mathon, Almonzin, Arios, Pytona, Magots, Silphæ, Cabost, Salamandræ, Gnomus, Terreæ, Cœlis, Godens, Aqua.* In subito. »

AVERTISSEMENT

Avant que de lire la troisième appellation, si l'esprit ne comparaît pas, vous lirez la Clavicule, telle qu'elle est ci-après, et frapperez tous les esprits en mettant les deux bouts fourchus de votre baguette dans le feu.

Et dans ce moment ne vous épouvantez pas des hurlements effroyables que vous entendrez, car pour lors tous les esprits paraîtront ; alors, avant que de lire la Clavicule, pendant le bruit que vous entendrez, vous direz encore la troisième appellation.

Troisième appellation.

« *Je t'ordonne, empereur Lucifer, de la part du grand Dieu vivant, de son cher fils et du Saint-Esprit, et par la puissance du grand Adonay, Eloïm, Ariel et Jehovam, de comparaître dans la minute ou de m'envoyer ton messager Astaroth, t'obligeant de quitter ta demeure dans quelque partie du monde qu'elle soit, te déclarant que si tu ne parais pas dans ce moment, je vais te frapper derechef,*

*toi et toute ta race, avec la baguette foudroyante
du grand Adonay, Eloïm, Ariel et Jehovam, etc. »*

Si l'esprit ne paraît pas jusqu'ici, mettez encore
les deux bouts de votre baguette au feu, et lisez
les puissantes paroles ci-après de la grande Clavicule de Salomon.

GRANDE APPELLATION

TIRÉE DE LA VÉRITABLE CLAVICULE

*« Je te conjure, ô Esprit ! de paraître dans la
minute par la force du grand Adonay, par Eloïm,
par Ariel, par Jehovam, par Agla, Tagla, Mathon,
Oarios, Almouzin, Arios, Membrot, Varvis, Pi-
thona, Magots, Silphœ, Rabost, Salamandrœ,
Tabost, Gnomus, Terreœ, Cœlis, Godens, Aqua,
Gingua, Janua, Etituamus, Zariatnctmik, etc. A..
E.. A.. J.. A.. T.. M.. O.. A.. A.. M.. V.. P.. M..
S.. C.. S.. T.. G.. T.. C.. G.. A.. G.. J.. E..
Z.. etc. »*

Après avoir répété deux fois ces grandes et puissantes paroles, vous êtes sûr que l'esprit paraîtra
comme suit.

APPARITION DE L'ESPRIT

« Me voici, que me demandes-tu ? pourquoi

troubles-tu mon repos ? Ne me frappe plus de cette terrible b~quette. »

« LUCIFUGÉ ROFOCALE. »

DEMANDE A L'ESPRIT

« *Si tu eusses paru quand je t'ai appelé, je ne t'aurais pas frappé, pense que si tu ne m'accordes ce que je vais te demander, je te vais tourmenter éternellement.* »   « SALOMON. »

RÉPONSE DE L'ESPRIT

« *Ne m'amuse point ici et ne me tourmente plus ; dis-moi au plus tôt ce que tu me demandes.* »

« LUCIFUGÉ ROFOCALE. »

DEMANDE A L'ESPRIT

« Je te demande que tu me viennes parler deux fois tous les jours de la semaine, pendant la nuit, à moi ou à ceux qui auront mon présent livre, que tu approuveras et signeras, te laissant la volonté de choisir les heures qui te conviendront, si tu n'approuves pas celles qui sont marquées ci-dessous :

SAVOIR :

Le lundi à neuf heures et à minuit.
Le mardi à dix heures et à une heure.
Le mercredi à onze heures et à deux heures.
Le jeudi à huit heures et à dix heures.
Le vendredi à sept heures du soir et à minuit.
Le samedi à neuf heures du soir et à onze heures.

« De plus, je te commande de me livrer le trésor le plus près d'ici, te promettant, pour récompense, la première pièce d'or ou d'argent que je toucherai, tous les premiers jours de chaque mois : voilà ce que je te demande. »

« SALOMON. »

RÉPONSE DE L'ESPRIT

« Je ne puis t'accorder ce que tu me demandes sous ces conditions ni sous aucune autre, si tu ne te donnes à moi dans cinquante ans, pour faire de ton corps et de ton âme ce qu'il me plaira. »

« LUCIFUGÉ ROFOCALE. »

AVERTISSEMENT

Vous remettrez ici le bout de la baguette foudroyante au feu, et relirez la grande appellation
de la clavicule, jusqu'à ce que l'esprit se soumette
à vos désirs.

RÉPONSE ET CONVENTION DE L'ESPRIT

*« Ne me frappe pas davantage, je te promets de
faire ce que tu voudras, deux heures de nuit de
chaque jour de la semaine.*

SAVOIR :

Le lundi à dix heures et à minuit.
Le mardi à onze heures et à une heure.
Le mercredi à minuit et à deux heures.
Le jeudi à huit heures et à onze heures.
Le vendredi à neuf heures et à minuit.
Le samedi à dix heures et à une heure.

*« J'approuve aussi ton livre et te donne ma véri-
table signature en parchemin, que tu y attacheras
à la fin, pour t'en servir au besoin; me soumettant
aussi de comparaître devant toi toutes les fois que
j'y serai appelé, lorsque tu ouvriras le livre, que tu
te seras purifié, que tu auras la terrible baguette
foudroyante, et que tu auras composé le grand
cercle cabalistique, et que tu prononceras le mot*
ROFOCALE.

« *Te promettant de comparaître et de traiter à l'amiable avec ceux qui seront munis dudit livre où est ma véritable signature, pourvu qu'ils m'appellent en règle, la première fois qu'ils auront besoin de moi.*

« *Je m'engage aussi à te livrer le trésor que tu me demandes, pourvu que tu gardes le secret pour toujours, que tu sois charitable envers les pauvres, et que tu me donnes une pièce d'or ou d'argent tous les premiers jours de chaque mois : si tu y manques, tu seras à moi pour toujours.* »

« LUCIFUGÉ ROFOCALE. »

Approuvé.

RÉPONSE A L'ESPRIT

« J'acquiesce à ta demande. »

« SALOMON. »

CENTUM REGNUM

CHIAMATA DI LUCIFERO

LUCIFER, OUIA, KAMERON. ALISCOT, MAN-
DESUMINI, POEMI, ORIEL, MAGREUSE, PARI-
NOSCON, ESTIO, DUMOGON, DIVORCON, CAS-
MIEL, HUGRAS, FABIL, VONTON, ULI, SODIER-
NO, PETAN!
Venite, Lucifer. *Amen.*

PROMESSE DE L'ESPRIT

CAPO PRIMO

Io Lucifero, Imperatore Potentissimo, supremo
ed independente, libero ed assoluto, padrone di
tutto il Regno sotteraneo, dispotico Signotrin tutte
le mi giuridizione, formidabile, terribile, nobilis-
simo, al cui Impero tuto Regolatissimo, si muove
à governa arbitro di tutte le fortune, di tutto le
siagure, sapiente à sagace, è formito d'ogni più
sublime luminoso caratere, Domatore dell' Europa
è di tutte le siagure ed Asia in particolare.

CAPO SECUNDO

Prometto è giuro al nome di Dio da viventi obedienza, prontezza è somissione al padrone di questo libro firmato, è giuratto al nome sudetto, è de miei sudetti carateri, et in virtù di tal giuramento è sotto signassione, giuro d'adelire à tutto quello che piu sera in piacere del padrone di questo libro.

CAPO TERCIO

Piu, prometto è giuro per parte di miei sudite l'istesso; Onde al solo legere che si fara della mia chiamata al capo prime di questo libro, di comparir subitto, prontamente in forma di bel garzone, o giovine, in aria piacouele, sensa strepitto, rumore, o altro che possa offendere, o intimorire il padronne di questo libro, rispondento giustamente con chiarezza, sensa amfibologia alle sue interrogazioni, ed essequendo quanto mi vera commandatto, con tutta realtà, è sinceritià, sensa che de bono precedere profumi, o altre invocasioni, magiche azioni, o circoli, è ceremonie, ma pensi instentamente ofermi pronto essequitore de suoi commandi.

CAPO QUARTO

Senso che in tali occasioni maimai offenda le Compague, o altre cocose del mondo, è Compito il

mio servisio di subidamente partire sensa strepito
alenno.

CAPO QUINTO

Piu, prometto è giuro nella forma predetta sua
universalissima servitù di tutti i miei sudetti al
padrone di questo libro sensa diferensa digre de
dignata o d'altre regioni, ma ogni quale volta,
tempo, stagione, anno, mose, settimana, giorno,
ora, è quarto; est instente che rara letta la mia
chiamata di compartre in forma di bel giovine, è
di sominstrali qualsisia de miei rudetti in servizio
al padrone di questo libro, è di non partiré se prima non sara o sara licensiatto colla semplice For-
mola, o di me, o delli altri.

CAPO SEXTO

Piu, prometto, è giuro per me à tutti li altri al
nome di Dio è delli nostri misteriori Caratteri, se-
gretessa fedeltà inviolabile, sensa ponto maimai
contrevenire al mio giuramento, è promessa.

CAPO SEPTIMO

Piu, prometto è giuro io in particolare per tutti
i mei sudetti di protegere, è di diffendere il padrone di questo libro da tutte le fiagure, pericoli,
ed altre naturali, ed accidentali vicende, ed in
caso per qualonque suo bisoguo saro chiamato di

assisterlo, è provederlo di tutto il bisogneuole, abenche, non si inotato in questo libro.

MODI DO LICENZIARE

Ite in pace à loco vestro et pax sit inter vos redituri ad me cum vos invocavero, in nomine Patris et Filii et Spiritus Sancti. Amen.

ORDRE DE L'ESPRIT

« Suis-moi, et viens reconnaître le trésor! »

Alors le Karcist, armé de la *baguette foudroyante* et de la pierre *ématille*, sortira du cercle par l'endroit où est indiquée la ROUTE DU TRÉSOR, qui est la porte du grand Adonay, et suivra l'esprit; les autres ne bougeront absolument point du cercle, mais y resteront fermes et inébranlables, quelque bruit qu'ils entendent et quelque vision qu'ils voient.

L'esprit conduira alors le Karcist jusqu'à l'entrée du trésor : et il se pourra qu'alors le Karcist voie comme un grand chien cotonné qui en fermera l'entrée, avec un collier reluisant comme le soleil, ce qui sera un Gnome qu'il écartera en lui présentant le bout de sa baguette, lequel marchera vers le trésor.

Le Karcist le suivra, et, arrivant auprès du trésor, il sera surpris d'y voir la personne qui l'aura caché, qui voudra se jeter sur lui, mais elle ne pourra absolument pas l'approcher.

Le Karcist sera aussi pourvu d'un morceau de parchemin vierge, où sera écrite la grande conjuration de la clavicule qu'il jettera sur le trésor en prenant en même temps une pièce pour gage et reconnaissance, et en jetant d'abord une de son argent, qu'il aura mordue.

Après quoi il se retirera à reculons, emportant avec lui ce qu'il pourra du trésor, le reste ne pouvant pas lui échapper par les précautions prises ci-devant, faisant attention de ne se point tourner quelque bruit qu'il entende ; car, dans ce moment, il lui semblera que toutes les montagnes du monde se renverseront sur lui.

Il faut pour lors s'armer d'intrépidité, ne point s'épouvanter et tenir ferme : faisant cela, l'Esprit le reconduira jusqu'à l'entrée du cercle.

Alors le Karcist commencera à lire le renvoi de l'esprit tel qu'il est ci-après.

CONJURATION

ET RENVOI DE L'ESPRIT

« *O prince Lucifer! je suis content de toi pour le présent ; je te laisse en repos et te permets de te*

*retirer où bon te semblera, sans faire aucun bruit
ni laisser aucune mauvaise odeur.*

« *Pense aussi à ton engagement, car si tu y manques un instant, tu peux être sûr que je te frappe-
rai éternellement avec la baguette foudroyante du
grand Adonay, Eloïm, Ariel et Jehovam.*

« *Amen.* »

ACTIONS DE GRACES

« O grand Dieu ! qui as créé toutes choses pour le
service et l'utilité de l'homme, nous te rendons de
très humbles actions de grâces de ce que, par ta
grande bonté, tu nous as comblés pendant cette nuit
de tes précieuses faveurs, et de ce que tu nous as
accordé tout ce que nous désirons. »

« C'est à présent, ô grand Dieu ! que nous avons
connu toute la force de tes grandes promesses,
lorsque tu nous as dit : « Cherchez et vous trouve-
« rez, frappez et l'on vous ouvrira. »

« Et comme tu nous as ordonné et recommandé
de soulager les pauvres, nous te promettons, à la face
du grand Adonay, d'Eloïm, d'Ariel et de Jehovam,
d'être charitables et de répandre sur eux les rayons
de soleil dont ces quatre puissantes divinités viennent de nous combler. Ainsi soit-il. Amen. »

« VALE. »

CLAVICULE DE SALOMON

CONTENANT

LA VÉRITABLE MANIÈRE

DE FAIRE LES PACTES

Avec les noms, puissances et emplois de tous les grands esprits supérieurs, comme aussi la manière de les faire paraître par la force de la grande appellation du Chapitre des pactes de la grande Clavicule, qui les force d'obéir à quelque opération que l'on souhaite.

CLAVICULE DE SALOMON

Le véritable sanctum regnum ou manière de faire des Pactes avec tels esprits que ce soit sans qu'ils vous puissent faire aucun tort.

Le véritable *Sanctum Regnum* de la grande clavicule, autrement dit le *Pacta conventa dœmoniorum*, dont on parle depuis si longtemps, est une chose fort nécessaire à expliquer ici, pour l'intelligence de ceux qui, voulant forcer les Esprits, n'ont point la qualité requise pour composer la verge foudroyante et le cercle cabalistique dont il est parlé dans le chapitre précédent.

Ils ne peuvent, dis-je, venir à bout de forcer aucun esprit de paraître, s'ils n'exécutent de point en point tout ce qui est décrit ci-après, touchant la manière de faire des pactes avec tels esprits que ce puisse être :

Soit pour avoir des trésors.

Soit pour avoir la jouissance des femmes et des filles, et en avoir telle faveur que l'on souhaite.

Soit pour découvrir les secrets les plus cachés

dans toutes les cours et dans tous les cabinets du monde.

Soit de dévoiler les plus impénétrables secrets.

Soit pour faire travailler un esprit pendant la nuit à son ouvrage;

Soit pour faire tomber une grêle ou la tempête partout où l'on souhaite.

Soit pour vous rendre invisible.

Soit pour se faire transporter partout où l'on veut.

Soit d'ouvrir toutes les serrures, de voir tout ce qui se passe dans les maisons, et d'apprendre tous les tours et finesses des bergers.

Soit pour acquérir la *main de gloire* et pour connaître toutes les qualités et les vertus des métaux et des minéraux, des végétaux et de tous les animaux purs ou impurs.

Soit pour faire des choses si surprenantes, qu'il n'y a aucun homme qui ne soit dans la dernière surprise de voir que, par le moyen de faire pacte avec quelques esprits, on puisse découvrir les plus grands secrets de la nature, qui sont cachés aux yeux de tous les autres hommes.

C'est par le moyen de la GRANDE CLAVICULE DU GRAND ROI SALOMON, que l'on a découvert la véritable manière de faire les pactes, dont il s'est servi lui-même pour acquérir tant de richesses,

pour avoir la jouissance de tant de femmes et
pour connaitre les plus impénétrables secrets de
la Nature, par lesquels on peut faire toute sorte
de bien et toute sorte de mal.

Enfin, nous commencerons par décrire les noms
des principaux esprits avec leur puissance et pouvoir, et ensuite nous expliquerons le PACTA DÆMO-
NIORUM, ou la *véritable manière de faire les Pactes
avec quels esprits que ce soit.*

Voici les noms et signes des principaux esprits
infernaux.

Signes et caractères des Esprits infernaux.

LUCIFER,
    Empereur.

BELZÉBUTH,
    Prince.

ASTAROTH,
    Grand-duc.

Ensuite viennent les esprits supérieurs qui sont subordonnés aux trois nommés ci-devant.

LUCIFUGÉ,
Prem. Ministre.

SATANACHIA,
Grand général.

AGALIAREPT,
Grand général.

FLEURETTY,
Lieutenant gén.

SARGATANAS,
Brigadier.

NEBIROS,
Mar. de camp.

Les six grands Esprits que je viens de nommer ci-devant dirigent, par leur pouvoir, toute la puissance infernale qui est donnée aux autres esprits.

Ils ont à leurs services dix-huit autres esprits qui leur sont subordonnés.

SAVOIR :

1. Baël.	10. Bathim.
2. Agares.	11. Pursan.
3. Marbas.	12. Abigar.
4. Pruslas.	13. Loray.
5. Aamon.	14. Valefar.
6. Barbatos.	15. Foraü.
7. Buer.	16. Ayperos.
8. Gusoyn.	17. Nuberus.
9. Botis.	18. Glasyabolas.

Après vous avoir indiqué les noms de ces dix-huit esprits, qui sont inférieurs aux six premiers que j'ai décrits aussi ci-devant, il est bon de vous prévenir de ce qui suit.

SAVOIR :

Que LUCIFUGÉ commande sur les trois premiers, qui se nomment Baël, Agares et Marbas.

SATANACHIA sur Pruslas, Aamon et Barbatos.

AGALIAREPT, sur Buer, Gusoyn et Botis.

FLEURETTY, sur Bathim, Pursan et Abigar.

SARGATANAS, sur Loray, Valefar et Foraü.

NEBIROS, sur Ayperos, Nuberus et Glasya bolas.

Et, quoiqu'il y ait encore des millions d'esprits qui sont tous subordonnés aux précédents, il est très inutile de les nommer à cause que l'on ne s'en sert que quand il plaît aux esprits supérieurs de les faire travailler à leur place, parce qu'ils se servent de tous ces esprits inférieurs comme s'ils étaient leurs ouvriers ou leurs esclaves.

Ainsi, en faisant le pacte avec un des six principaux dont vous avez besoin, il n'importe quel esprit qui vous serve; néanmoins, demandez toujours à l'esprit avec lequel vous faites votre pacte que ce soit un des trois principaux qui lui sont subordonnés qui vous serve.

Voici précisément les puissances, sciences, arts et talents des Esprits susnommés, afin que celui qui veut faire un pacte puisse trouver, dans chacun des talents des six esprits supérieurs, ce dont il aura besoin.

Le premier est le grand LUCIFUGÉ ROFO-CALE, premier ministre infernal; il a la puissance que LUCIFER lui a donnée sur toutes les richesses et sur tous les trésors du monde.

Il a sous lui *Baël*, *Agares* et *Marbas*, et plusieurs autres milliers de démons ou d'esprits qui lui sont tous subordonnés.

Le second est le grand SATANACHIA, grand général; il a la puissance de soumettre à lui toutes les femmes et toutes les filles et d'en faire ce qu'il souhaite.

Il commande la grande légion des esprits : il a sous lui *Pruslas, Aamon, Barbatos,* etc.

AGALIAREPT, aussi général, a la puissance de découvrir les secrets les plus cachés dans toutes les cours et dans tous les cabinets du monde; il dévoile aussi les plus grands mystères; il commande la seconde légion des esprits.

Il a sous lui *Buer, Gusoyn* et *Botis,* etc., etc.

FLEURETTY, lieutenant général, a la puissance de faire tel ouvrage que l'on souhaite pendant la nuit; il fait aussi tomber la grêle partout où il veut. Il commande un corps très considérable d'esprits :

Il a sous lui *Bathim, Pursan* et *Abigar.*

SARGATANAS, brigadier, a la puissance de vous rendre invisible, de vous transporter partout, d'ouvrir toutes les serrures, de vous faire voir tout ce qui se passe dans les maisons, de vous apprendre tous les tours et finesses des bergers; il commande plusieurs brigades d'esprits.

Il a sous lui *Loray, Valefar* et *Foraü.*

NEBIROS, maréchal de camp et inspecteur général, a la puissance de donner du mal à qui il veut; il fait trouver la *main de gloire,* il enseigne toutes les qualités des métaux, des minéraux, des

végétaux et de tous les animaux purs et impurs;
c'est lui qui a aussi l'art de prédire l'avenir, étant
un des plus grands nécromanciens de tous les
esprits infernaux: il va partout, il a inspection sur
toutes les malices infernales.

Il a sous lui *Ayperos*, *Nuberus* et *Glasyabo-
las*, etc.

Conduite à tenir avant de faire un pacte.

Quand vous voudrez faire votre pacte avec un
des principaux esprits que je viens de nommer,
vous commencerez, l'avant-veille du pacte, d'aller
couper, avec un couteau neuf qui n'ait jamais servi,
une baguette de noisetier sauvage qui n'ait jamais
porté et qui soit semblable à la *verge foudroyante*,
telle que celle qui est déjà décrite et dont vous
avez la figure dans le premier livre, positivement
au moment que le soleil paraît sur notre horizon.

Cela étant fait, vous vous munirez d'une pierre
ématille et de cierges bénits, et vous choisirez ensuite un endroit pour l'exécution où personne ne
vous incommode; vous pouvez même faire le pacte
dans une chambre écartée ou dans quelque masure
de quelque vieux château ruiné, parce que l'esprit
a le pouvoir d'y transporter quel trésor qui lui plaît.

Après quoi, vous tracerez un triangle avec votre

TRIANGLE

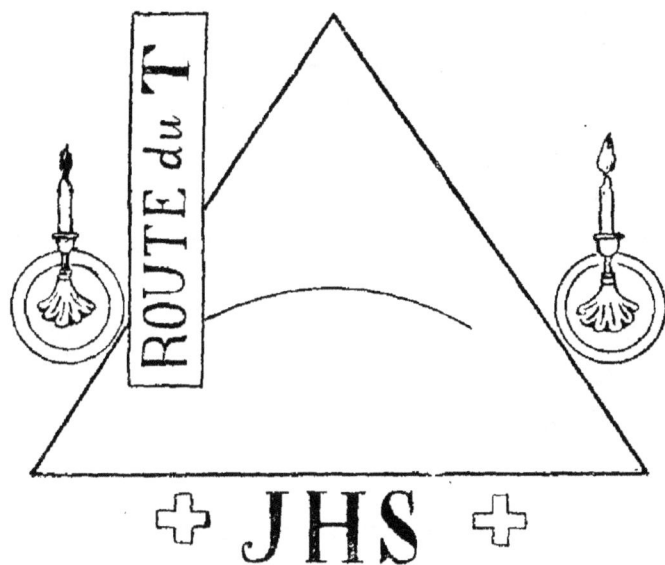

DES PACTES

pierre *ématille*, et cela seulement la première fois
que vous ferez votre pacte; ensuite, vous placerez
les deux cierges bénits à côté et tels qu'ils sont
placés vers le triangle des pactes que vous voyez
ci-devant, y plaçant le S. N. de Jésus derrière, afin
que les esprits ne vous puissent faire aucun mal.

Ensuite, vous vous placerez au milieu dudit
triangle, ayant en main la baguette mystérieuse,
avec la grande appellation à l'esprit, la clavicule,
la demande que vous voulez faire à l'esprit, avec
le pacte et le renvoi de l'esprit, tel qu'il est marqué
ci-après, au modèle du triangle cabalistique des
pactes.

Ayant exécuté exactement tout ce qui est marqué, vous commencerez à réciter l'appellation suivante avec espérance et fermeté.

**Grande appellation des esprits avec lesquels
l'on veut faire un pacte, tirée de la grande
Clavicule.**

« Empereur LUCIFER, maître de tous les esprits
rebelles, je te prie de m'être favorable dans l'appellation que je fais à ton grand ministre LUCIFUGÉ
ROFOCALE, ayant envie de faire pacte avec lui; je
te prie aussi, prince Belzébuth, de me protéger dans
mon entreprise.

« O comte Astaroth! sois-moi propice et fais que,

dans cette nuit, le grand LUCIFUGÉ m'apparaisse sous une forme humaine et sans aucune mauvaise odeur, et qu'il m'accorde, par le moyen du pacte que je vais lui présenter, toutes les richesses dont j'ai besoin.

« O grand *Lucifugé!* je te prie de quitter ta demeure, dans quelle partie du monde qu'elle soit, pour venir me parler, sinon je t'y contraindrai par la force du grand Dieu **vivant,** de son cher Fils et du Saint-Esprit.

« Obéis promptement, ou tu **vas** être éternellement tourmenté par **la** force des puissantes paroles de la grande Clavicule de Salomon et dont il se servait pour obliger les esprits rebelles à recevoir son pacte.

« Ainsi, parais au plus tôt! ou je te vais continuellement tourmenter **par la** force de ces puissantes paroles de la clavicule : *Agion, Telagram, vaycheon stimulamaton y expares retragrammaton oryoram irion esytion existion eryona onera brasim moym messias soter Emanuel Saboot Adonay, te adoro et invoco* »

Vous êtes sûr que, dès que vous aurez lu les puissantes paroles indiquées ci-dessus, l'Esprit paraîtra et vous dira ce qui suit :

PREMIÈRE APPARITION DE L'ESPRIT.

« *Me voici; que me demandes-tu? pourquoi troubles-tu mon repos? réponds-moi.* »

          « LUCIFUGÉ ROFOCALE. »

DEMANDE A L'ESPRIT.

« *Je te demande pour faire pacte avec toi, et afin que tu m'enrichisses au plus tôt, sinon je te tourmenterai par les puissantes paroles de la clavicule.* »   « N. N. »

RÉPONSE DE L'ESPRIT.

« *Je ne puis t'accorder ta demande qu'à condition que tu te donnes à moi dans vingt ans, pour faire de ton corps et de ton âme ce qu'il me plaira.* »

« LUCIFUGÉ ROFOCALE. »

Alors vous lui jetterez votre pacte, qui doit être écrit de votre propre main, sur un petit morceau de parchemin vierge, qui consiste à ce peu de mots ci-après, en y mettant votre signature avec votre véritable sang.

RÉDACTION DU PACTE.

« *Je promets au grand* Lucifugé *de le récompenser dans vingt ans de tous les trésors qu'il me donnera.*

« *En foi de quoi je me suis signé.* »

                                    « N. N. »

LA CLAVICULE DE SALOMON

RÉPONSE DE L'ESPRIT.

« *Je ne puis t'accorder ta demande.* »

« LUCIFUGÉ ROFOCALE. »

Alors, pour forcer l'esprit à vous obéir, vous relirez la grande appellation avec les terribles paroles de la clavicule, jusqu'à ce que l'esprit reparaisse et vous dise ce qui suit :

SECONDE APPARITION DE L'ESPRIT.

« *Pourquoi me tourmentes-tu davantage? Si tu me laisses en repos, je te donnerai le plus prochain trésor, à condition que tu m'en consacres une pièce tous les premiers lundis de chaque semaine, et tu ne m'appelleras qu'un jour de chaque semaine, savoir :*

« *Depuis les dix heures du soir jusqu'à deux heures après minuit.*

« *Ramasse ton pacte, je l'ai signé; et si tu ne tiens pas ta parole, tu seras à moi dans vingt ans.* »

« LUCIFUGÉ ROFOCALE. »

RÉPONSE A L'ESPRIT.

« *J'acquiesce à ta demande, à condition que tu*

*me feras paraître le plus prochain trésor, que je
pourrai emporter tout de suite.* »

« N. N. »

RÉPONSE DE L'ESPRIT.

« *Suis-moi et prends le trésor que je vais te montrer.* »

Alors vous suivrez l'esprit par la route du trésor
qui est indiquée au triangle des pactes, sans vous
épouvanter, et jetterez votre pacte tout signé sur le
trésor, en le touchant avec votre baguette.

Vous en prendrez tant que vous pourrez, et vous
vous en retournerez dans le triangle, en marchant
à reculons; vous y poserez votre trésor devant
vous, et vous commencerez tout de suite à lire le
renvoi de l'esprit, tel qu'il est marqué ci-après.

Conjuration et renvoi de l'Esprit avec lequel on a fait un pacte.

« O grand Lucifugé! je suis content de toi pour le
présent, je te laisse en repos et te permets de te retirer où bon te semblera, sans faire aucun bruit ni
laisser aucune mauvaise odeur.

« Pense aussi à ton engagement de mon pacte, car
si tu y manques d'un instant, tu peux être sûr que je
te tourmenterai éternellement avec les grandes et

puissantes paroles de la Clavicule du grand roi Salomon, par lequel l'on force tous les esprits rebelles d'obéir. »

Prière au Tout-Puissant en forme d'action de grâces.

« Dieu Tout-Puissant, père céleste, qui as créé toutes choses pour le service et l'utilité des hommes, je te rends de très humbles actions de grâces de ce

que, par ta grande bonté, tu as permis que, sans risque, je puisse faire pacte avec un de tes esprits rebelles et le soumettre à me donner tout ce dont je pourrais avoir besoin.

« Je te remercie, ô Dieu Tout-Puissant, du bien dont tu m'as comblé pendant cette nuit; daigne accorder à moi, chétive créature, tes précieuses faveurs; c'est à présent, ô grand Dieu! que j'ai connu toute la force et la puissance de tes grandes promesses, lorsque tu nous as dit : « Cherchez, vous trouverez; frappez et l'on vous ouvrira. »

« Et comme tu nous as ordonné et recommandé de soulager les pauvres, daigne, grand Dieu, m'inspirer de véritables sentiments de charité, et fais que je puisse répandre sur une aussi sainte œuvre une grande partie des biens dont la grande Divinité a bien voulu que je fusse comblé.

« Fais, ô grand Dieu! que je jouisse avec tranquillité de ces grandes richesses dont je suis possesseur, et ne permets pas qu'aucun esprit rebelle me nuise dans la jouissance des précieux trésors dont tu viens de permettre que je sois le maître.

« Inspirez-moi aussi, ô grand Dieu! les sentiments nécessaires pour pouvoir me dégager des griffes du démon et de tous les esprits malins. Je me mets, grand Dieu le Père, Dieu le Fils et le Saint-Esprit, en votre sainte protection. »

« Amen. »

Oraison pour se garantir des mauvais esprits.

« *O Père Tout-Puissant! O mère, la plus tendre des Mères! O Exemplaire admirable des sentiments et de la tendresse des mères! O Fils, la fleur de tous les fils! O forme de toutes les formes! Ame, esprit, harmonie et nombre de toutes choses, conservez-nous, protégez-nous, conduisez-nous, et soyez-nous propice. Amen.* »

Citat præ dictorum Spirituum.

§ 1. Ubi quem volueris spiritum cujus nomen et

officium supra cognosces, imprimis autem ab omni pollutione minimùm tres vel quatuor dies mundus esto in prima citatione, sic et spiritus posteà obsequentiores erunt : fac et circulum, et voca spiritum cum multâ intentione, primùm versò annulum in manu continetur : indè hanc recitato benedictionem, tuo nomine et socii, si præsto fueris, et affectum tui instituti sortieris, nec dementum à spiritibus saucies : imò tuæ animæ perditionem.

§ 2. In nomine Domini nostri Jesu Christi, Patris et Filii et Spiritûs Sti., Sancta Trinitas et inseparabilis Unitas, te invoco, ut sis mihi salus et defensio, et protectio corporis et animæ meæ, et omnium rerum mearum.

Per virtutem sanctæ crucis et per virtutem passionis tuæ deprecor te, Domine Jesu Christe, per merita beatissimæ Mariæ Virginis et matris tuæ atque omnium sanctorum tuorum, ut mihi concedas gratiam et potestatem divinam super omnes malignos spirituos, ut quoqumque nominibus invocavero statim ex omne parte conveniant, et voluntatem meam perfectè adimpleant quod mihi nihil nocentes neque timorem inferentes, sed potiùs obedientes, et ministrantes, tua districtè virtute præcipientes, mandata mea perficient. Amen.

Sanctus, sanctus Dominus Deus, *sabaoth*, qui venturus est judicare vivos et mortuos : tu es A et

Ω primus et novissimus, rex regum et dominus dominantium.

Joth, Aglanabrath El Abiel anathi Enatiel Amazin sedames hayes tolima Elias ischiros arganatos ymas heli Messias, per hæc tua S. nomina, et per omnia alia invoco te et obsecro te, Domine, Jesu Christe, per tuam nativitatem, per baptismum tuum, per passionem et crucem tuam, per ascensionem tuam, per adjuventum Spiritûs Sancti Paracleti, per amaritudine animæ tuæ quando exivit de corpore tuo, per quinque vulnera tua, per sanguinem et aquam quæ exierunt de corpore tuo, per sacramentum quod dedisti discipulis tuis pridiè quam passus fuisti; per sanctam Trinitatem, per individuam unitatem, per beatam Mariam matrem tuam, per Angelos et Archangelos, per prophetas et patriarchas et per omnes sanctos tuos, et per omnia sacramenta quæ fiunt in honore tuo.

Adoro te et obsecro te, benedico tibi et rogo, ut accipias orationes has et conjurationes has et verba oris mei, quibus uti voluero.

Peto, Domine, Jesu Christe, da mihi virtutem et potestatem tuam super omnes Angelos tuos qui de cœlo ejecti sunt ad decipiendum genus humanum, ad attrahendum eos, ad constringendum, ad ligandum eos pariter et solvendum : et congregandum eos coram me et ad præcipiendum eis, ut omnia quæ possunt faciant, et verba mea vocemque meam nullo modo contemnant sed mihi et dictis meis obediant et me timeant ; per humanitatem et misericordiam et gratiam tuam dèprecor et peto te *Adonay amay horta vide goram mitey hel surana y syon y svesy*, et per omnia nomina tua sancta, per omnes sanctas et sanctos tuos, per Angelos et Archangelos; Potestates, Dominationes et Virtutes, et per illud nomen per quod Solomo constringebat dæmones, et conclusit ipso *Elh rocebam her agle goth joth othie venochnabrat.*

Et per omnia sacra nomina quæ scripta sunt in hoc libro, et per virtutem eorumdem, quatenùs me potentem facias, congregare, constringere omnes tuos spiritus de cœlo depulsos, ut mihi veraciter de omnibus meis interrogatis, de quibus quæram, responsionem veracem tribuant, et omnibus meis mandatis illi satisfaciant, sine læsione corporis et animæ meæ et omnium ad me pertinentium; per Dominum nostrum Jesum Christum filium tuum, qui tecum vivit et regnat in unitate Spiritûs Sancti Deus, per omnia sæcula.

§ 3. O Pater omnipotens! ô Fili sapiens! ô Spiritus Sancte! corda hominum illustrans, ô vos tres inpersonnis, una verò deitas in substantiâ, qui Adamæ et Evæ in peccatis eorum perpecisti, et propter eorum peccata morte subjecti, tuum filium turpis-

simâ, in lignoque sanctæ crucis sustinuisti, ô mise-
ricordissime, quando tuam confugio misericordiam, et supplico modis omnibus quibus possum,
per hæc nomina sancta tui filii, scilicet A et *v.*

Et per omnia alia sua nomina, quatenùs concedas mihi virtutem et potestatem tuam, ut valeam
tuos spirituos, qui de cœlo ejecti sunt, ante me
citare, et ut ipsi mecum loquantur, et mandata
mea perficiant statim et sine morâ cum eorum vo-
luntate, sine omni læsione corpori, animæ et bono-
rum meorum, etc.

Continua ut in libro* Annuli Salomonis continetur.

§ 4. O summa et æterna virtus Altissimi, quæ,
te disponente, his judicio vocatis* *vaycheon stimulamaton ezphares tetragramaton ilioram rion esy-
tio existioneriona onera brasym moyn messias
sotxer, Emmanuel, Sabaoth, Adonay* te adoro, te
invoco totius mentis, viribus meis imploro, quatenùs per te præsentes orationes et consecrationes
et conjurationes consecrantur; videlicet, et ubi-
cumque maligni spiritus in virtute tuorum nomi-
num sunt vocati, et omni parte conveniant, et voluntatem meam exorcismis diligenter adimpleant,
fiat! fiat! fiat!

TABLE

DES JOURS HEUREUX ET MALHEUREUX

JOURS HEUREUX	MOIS	JOURS MALHEUREUX
Le 3, 10, 27, 31.	Janvier.	Le 13, 25.
Le 7, 8, 18.	Février.	Le 2, 10, 17, 22.
Le 3, 9, 12, 14, 16.	Mars.	Le 13, 19, 23, 28.
Le 5, 17.	Avril.	Le 18, 20, 29, 30.
Le 1, 2, 4, 6, 9, 14.	Mai.	Le 10, 17, 20.
Le 3, 5, 7, 9, 12, 23.	Juin.	Le 4, 20.
Le 3, 6, 10, 23, 30.	Juillet.	Le 5, 13, 27.
Le 5, 7, 10, 14, 29.	Août.	Le 2, 13, 27, 31.
Le 6, 10, 13, 18, 30.	Septembre.	Le 13, 16, 18, 29.
Le 13, 16, 25, 31.	Octobre.	Le 3, 9, 27.
Le 3, 13, 23, 30.	Novembre.	Le 16, 25.
Le 10, 20, 29.	Décembre.	Le 15, 28, 31.

REMARQUE

Cette table, dit-on, fut donnée par un Ange à Adam qui ne semait, ne transplantait rien, que dans des jours heureux, et tout lui arrivait à bon port.

SECRETS
DE L'ART MAGIQUE

Composition de l'encre pour écrire les Pactes.

Les Pactes ne doivent point être écrits avec l'encre ordinaire. Chaque fois qu'on fait une appellation à l'esprit, on doit en changer.

Mettez, dans un pot de terre vernissé neuf, de l'eau de rivière et la poudre décrite ci-après. Alors, prenez des branches de fougère cueillies la veille de la Saint-Jean ; du sarment coupé en pleine lune de mars, allumez ce bois avec du papier vierge,

et dès que votre eau bouillira, votre encre sera
faite.

Observez bien d'en changer à chaque nouvelle
écriture que vous aurez à faire.

Recette de la poudre.

Prenez dix onces de noix de galle et trois onces
de vitriol romain, ou couperose verte; d'alun de
roche ou de gomme arabique, deux onces de
chaque; mettez le tout en poudre impalpable, que
vous préparerez comme ci-dessus, lorsque vous
voudrez faire de l'encre.

Encre pour noter les sommes qu'on prendra dans les Trésors cachés, et pour en demander de plus fortes à *Lucifugé,* dans les nouveaux besoins.

Prenez des noyaux de pêches sans en ôter les
amandes, mettez-les dans le feu pour les réduire
en charbons bien brûlés; alors retirez-les, et lorsqu'ils sont bien noirs, prenez-en une partie que
vous mêlerez avec autant de noir de fumée.

Ajoutez-y deux parties de noix de galle concas-
sées, faites dans l'huile desséchée; de gomme arabique quatre parties; que le tout soit mis en poudre
très fine, et passez par les tamis.

Mettez cette poudre dans de l'eau de rivière.

Il est inutile de faire remarquer que tous les objets décrits ci-dessus doivent être absolument neufs.

Composition de mort ou la pierre philosophale.

Prenez un pot de terre neuf, mettez-y une livre de cuivre rouge avec une demi-chopine d'eau-forte que vous ferez bouillir pendant une demi-heure.

Après quoi vous y mettez trois onces de vert-de-gris que vous ferez bouillir une heure; puis vous mettrez deux onces et demie d'arsenic, que vous ferez bouillir une heure ; vous y mettrez trois onces d'écorce de chêne bien pulvérisée, que vous laisserez bouillir une demi-heure, une potée d'eau rose bouillie douze minutes; trois onces de noir de fumée que vous laisserez bouillir jusqu'à ce que la composition soit bonne.

Pour voir si elle est assez cuite, il faut y tremper un clou : si elle y prend, ôtez-la, elle vous produira une livre et demie de bon or; et si elle n'y prend point, c'est une preuve qu'elle n'est pas assez .cuite ; la liqueur peut servir pour quatre fois.

Pour fabriquer la Baguette divinatoire et la faire tourner (1).

Dès le moment que le soleil paraît sur l'horizon, vous prenez, de la main gauche, une baguette vierge de noisetier sauvage et la coupez de la droite en trois coups en disant :

« *Je te ramasse au nom d'Eloïm, Mutrathon, Adonay et Semiphoras, afin que tu aies la vertu de la verge de Moyse et de Jacob, pour découvrir tout ce que je voudrai savoir; et pour la faire tourner.*

Puis, la tenant serrée dans ses mains par les deux bouts qui font la fourche, on ajoute :

« *Je te commande, au nom d'Éloïm, Mutrathon, Adonay et Semiphoras, de te relever...* »

Pour gagner aux loteries.

Il faut, avant de se coucher, réciter trois fois cette oraison; après quoi, vous la mettrez sous l'oreiller, écrite sur du parchemin vierge, sur lequel vous aurez fait dire une messe du Saint-Esprit et, pendant le sommeil, le génie de votre

---

(1) Voir aussi notre *Bréviaire du Devin et du Sorcier*, à la même Librairie.

planète vient vous dire l'heure où vous devez prendre votre billet.

ORAISON.

« Domine Jesu Christe, qui dixisti : « Ego sum via, veritas et vita! » ecce enim veritatem dilexisti, incerta et occulta sapientæ tuæ manifestati mihi adhuc quæ revelet in hâc nocte sicut ità revelatum fuit parvulis solis, incognita et ventura anaque alia me doceas, ut possim omnia cognoscere, si et si sit; ita monstra mihi mortem ornatam omni cibo bono, pulchrum et gratum pomarium, aut quandam rem gratam; sin autem ministra mihi ignem ardentem, vel aquam currentem vel uliam quamcunque rem quæ Domino placeant et vel Angeli Ariel, Rubiel et Baracbiel sitis mihi multùm amatores et factores ad opus istud obtinendum qnod cupio scire, videre, cognoscere et prœvidere per illum Deum qui venturus est judicare vivos et mortuos, et sæculum per ignem. Amen. »

Vous direz trois *Pater* et trois *Ave Maria*, pour les âmes du purgatoire.

Pour charmer les armes à feu.

Il faut dire :

« *Dieu y ait part et le diable la sortie.* »

Quand on met en joue, on croise la jambe gauche sur la droite en disant :

« Non tradas Dominum nostrum Jesum Chris
tum. Mathon. Amen. »

Pour parler aux esprits la veille
de la Saint-Jean-Baptiste.

Il faut se transporter, depuis les onze heures
jusqu'à minuit, près d'un pied de fougère, et dire :

« Je prie Dieu que les esprits à qui je souhaite
parler apparaissent à minuit précis. »

Et aux trois quarts vous direz neuf fois ces cinq
paroles :

« Bar, Kirabar, Alli, Alla, Tetragamaton. »

Pour se faire aimer de telle fille ou femme
que l'on désire.

Il faut dire, en ramassant l'herbe des neuf che-
mises, ou *concordia :*

« Je te ramasse au nom de Scheva pour que tu
me serves à m'attacher l'amitié de (nommez la personne).

Et ensuite vous mettrez ladite herbe sur la personne, sans qu'elle le sache ni qu'elle s'en aper-
çoive, et aussitôt elle vous aimera.

Pour faire danser tout nu.

Il faut ramasser, la veille de la Saint-Jean-Baptiste, à minuit, trois feuilles de noyer, trois plantes de marjolaine, trois plantes de myrte et trois plantes de verveine.

Faire sécher le tout à l'ombre, le mettre en poudre, en jeter comme une petite pincée de tabac en l'air dans la chambre où sont les personnes que l'on veut jouer.

Pour se rendre invisible.

Vous volerez un *chat noir*, et achèterez un pot neuf, un miroir, un briquet, une pierre d'agate, du charbon et de l'amadou, observant d'aller prendre de l'eau, au coup de minuit, à une fontaine.

Après quoi, vous allumez votre feu; mettez le chat dans le pot et tenez le couvert de la main gauche sans jamais bouger, ni regarder derrière vous, quelque bruit que vous entendiez.

Après l'avoir fait bouillir vingt-quatre heures, vous le mettez dans un plat neuf; prenez la viande et la jetez par-dessus l'épaule gauche, en disant :

« *Accipe quod tibi do, et nihil amplùis.* »

Puis, vous mettrez les os, un à un, sous les dents

du côté gauche, en vous regardant dans le miroir ; et si ce n'est pas le bon, vous le jetterez de même, en disant les mêmes paroles jusqu'à ce que vous l'ayez trouvé ; et sitôt que vous ne vous verrez plus dans le miroir, retirez-vous à reculons en disant :

« *Pater ! in manus tuas commendo spiritum meum.* »

Pour faire la jarretière de sept lieues par heure.

Vous achèterez un jeune loup au-dessous d'un an, que vous égorgerez avec un couteau neuf, à l'heure de minuit, en prononçant ces paroles :

« *Adhumalis cados ambulavit a fortudine cibi illius.* »

Puis, vous couperez sa peau en jarretières larges d'un pouce, et y écrirez dessus les mêmes paroles que vous avez dites en l'égorgeant ; savoir :

La première lettre de votre sang, la seconde de celui du loup, et immédiatement de même jusqu'à la fin de la phrase.

Après qu'elle est écrite et sèche, il faut la doubler avec un padou de fil blanc, et attacher deux rubans violets aux deux bouts pour la nouer au dessus du genou et au dessous.

Il faut aussi bien prendre garde qu'aucune femme ou fille ne la voie point ; comme aussi la quitter

avant de passer une rivière, sans quoi elle ne serait plus si forte.

Composition de l'emplâtre pour faire
dix lieues par heure.

Prenez deux onces de gaisse humaine.

Une once d'huile de cerf.

Une once d'huile de laurier.

Une once de graisse de cerf.

Une once de momie naturelle.

Une demi-chopine d'esprit-de-vin.

Et sept feuilles de verveine.

Vous faites bouillir le tout dans un pot neuf, jusqu'à demi-réduction, puis en formez les emplâtres
sur de la peau neuve, et lorsque vous les appliquez
sur la rate, vous allez comme le vent.

Pour n'être point malade quand vous les quittez,
il faut prendre trois gouttes de sang dans un verre
de vin blanc.

Post Face.

Lecteur bénévole, pénetre-toi bien de tout ce que le grand Salomon vient de t'enseigner par mon organe. Sois sage comme lui, si tu veux que toutes les richesses que je viens de mettre en ton pouvoir puissent faire ta félicité. Sois humain envers tes semblables, soulage les malheureux; et vis content.

Adieu!

TABLE DES MATIÈRES

LE GRAND GRIMOIRE

LE CENTUM REGNUM

LA CLAVICULE DE SALOMON

OU MANIÈRE DE FAIRE LES PACTES AVEC LES DÉMONS

SECRETS DE L'ART MAGIQUE

ABBEVILLE. — IMP. F. PAILLART. — (26-8).

Vous avez une question
sur l'Hermétisme,
l'Esotérisme ou la pratique des
Sciences Occultes ?

*L'Encyclopédie Ésotérique vous
apportera des réponses et des
mises au point précieuses.
Cliquez* www.ceodeo.com

L'Encyclopédie Ésotérique ainsi que les
articles, dossiers, cours et essais que
vous trouverez sur notre site s'adressent
tant aux profanes qu'aux spécialistes.

*Collège Ésotérique et Occultiste
d'Europe et d'Orient*
(CEODEO) www.ceodeo.com